sempre
te amarei

KÁTIA ELI PEREIRA
JOÃO FERNANDES DA SILVA JÚNIOR
PELO ESPÍRITO CESÁRIO

sempre te amarei

Sempre te amarei
© Kátia Eli Pereira e João Fernandes da Silva Júnior – 2015

Mundo Maior Editora
Fundação Espírita André Luiz

Diretoria Editorial: José Antonio Lombardo
Editor: Antonio Ribeiro Guimarães
Assistente Editorial: Marta Moro
Capa: Helen Winkler

Rua São Gabriel, 364, térreo
Guarulhos/SP – CEP 07056-090
Tel.: (11) 4964-4700
e-mail: editorial@editoramundomaior.com.br

Dados Internacionais de Catalogação na Publicação (CIP)
(Câmara Brasileira do Livro, SP, Brasil)

Cesário (Espírito).
 Sempre te amarei / Cesário ; [psicografia]
Kátia Eli Pereira ; [colaborador] João
Fernandes da Silva Júnior. -- 1. ed. -- Guarulhos, SP :
Mundo Maior Editora, 2015.

 1. Psicografia 2. Romance espírita I. Pereira, Kátia
Eli. II Silva Junior, João Fernandes da. III. Título.

15-00877 CDD-133.93
Índices para catálogo sistemático:
1. Romance mediúnico psicografado : Espiritismo 133.93

A reprodução parcial ou total desta obra, por qualquer meio, somente será permitida com a autorização por escrito da Editora (Lei nº 9.610 de 19.2.1998)

SUMÁRIO

Algumas palavras 7
Apresentação 9
Prólogo 13
Capítulo I – Panorama da Segunda Guerra Mundial . 21
Capítulo II – Dias tranquilos 35
Capítulo III – A história de Bertha 43
Capítulo IV – As vítimas do ódio 57
Capítulo V – Rudolf em Treblinka 67
Capítulo VI – A chegada de *Hanna* 75
Capítulo VII – A concretização do Amor 91
Capítulo VIII – Entre o céu e o inferno 109
Capítulo IX – O triste adeus 119
Capítulo X – A fuga de *Hanna* 131

Capítulo XI – O anjo de Hamburgo 139

Capítulo XII – A morte como traidor 151

Capítulo XIII – No esconderijo 159

Capítulo XIV – No Mundo Espiritual 167

Capítulo XV – A fuga para o recomeço 175

Capítulo XVI – E a vida segue 183

Capítulo XVII – Barreiras rompidas 191

Capítulo XVIII – Notícias da guerra 199

Capítulo XIX – A difícil notícia 207

Capítulo XX – A dor de *Hanna* 221

Capítulo XXI – O despertar de *Rudolf* 229

Capítulo XXII – Revivendo o passado remoto 241

Capítulo XXIII – Encontros e respostas 257

Capítulo XXIV – Visita ao plano físico 263

Capítulo XXV – Lembranças reveladoras 271

Capítulo XXVI – Com *Nicolay* 279

Capítulo XXVII – Frente a frente com a verdade 287

Capítulo XXVIII – Um novo amanhecer 293

ALGUMAS PALAVRAS

Kátia Eli Pereira recebeu esta obra por intermédio da psicografia ditada pelo Espírito Cesário e também como inspiração. A médium contou ainda com a coautoria de João Fernandes da Silva Júnior que contribuiu com o conteúdo histórico e doutrinário.

APRESENTAÇÃO

O trabalho que apresentamos é um romance mediúnico que conta a história de um amor verdadeiro que venceu as barreiras do preconceito e foi submetido a grandes e rudes provas, em um período extremamente conturbado da História do planeta Terra.

Amor, sentimento amplamente explorado sob todas as formas e intensidade pelos autores que almejam em seus escritos passar uma mensagem altruísta, depositando neles suas mais nobres emoções. Amor vida, amor luz, amor resgate, amor eterno. Falar de tal sentimento é, de fato, para o escritor, muito gratificante e inspirador. Fonte vital, essência suprema que entusiasma e estimula todas as criaturas. Força-motriz que conduz todos os corações e que ilumina todos os seres. Amor, apenas o amor...

Embalados por tal verdade e conduzida ora pela inspiração, ora pela psicografia, nasceu sob a forma de romance, essa obra emocionante, ocorrida inicialmente na Europa, mais precisamente na Alemanha, durante a Segunda Guerra Mundial e, posteriormente, finalizada no Brasil.

O referido conflito, com todos seus horrores e desvarios humanos, veio nos servir de cenário, um pano de fundo ambientando nossos personagens. Contudo, não poderia deixar de ser descrito, porque, sendo ele a dura realidade daquela época, tornou-se o elemento principal para o desfecho da narrativa ocorrida em uma sociedade que vivenciou o mais cruel desatino vivenciado pela Humanidade.

O racismo, o ódio e a desmedida sede de poder exterminaram e, por que não dizer, arrasaram milhões de seres sem se importar com as suas vidas. Cada uma das vítimas possuía uma história, um passado, e principalmente, muitos anseios por um futuro seguro e promissor. E, nessa crença, eles viviam e construíam, sonhavam e sentiam, caminhavam e acreditavam. Sim, eles acreditavam e confiavam em tudo o que haviam realizado e conquistado até então. Entretanto, um ditador guiado por uma força maléfica e dominado por ideias perversas sugeridas por uma legião de espíritos bastante atrasados moralmente, permitiu que as sugestões emitidas dominassem a sua mente doentia, e a partir daí, tomassem forma. Para isso, não mediu esforços para seduzir e iludir uma multidão facilmente influenciável. Descrentes e insatisfeitos com a situação imposta pelo primeiro conflito armado do qual saíram derrotados, milhares de europeus se tornaram os fantoches guiados pelo ideal nazista de domínio do planeta.

Foi nesse ambiente hostil e desolador que viveram *Rudolph* e *Hanna*, dois corações apaixonados, comprometidos a testemunhar o amor eterno, resgatando um pretérito de ilusões e erros.

O encontro desses jovens foi marcado pela insensatez europeia e, como resultado, um grande amor nasceu instantaneamente derrubando todas as barreiras impostas. Desencontros, dores, incertezas e muitas emoções estão detalhados em cada página, além do comovente relato de um homem que, por amor, chegou ao extremo do sacrifício: dar a sua própria vida pela mulher amada.

Lembramos aqui que os nomes dos personagens foram modificados para preservar suas identidades, bem como alguns eventos que viveram, conforme descreveu o Irmão Cesário, Espírito amigo que trouxe notícias do Outro Plano.

A narrativa sobre o amor dos dois jovens, vítimas do desvario e da injustiça cega dos homens, serve para nos ensinar o quanto é importante o aprendizado da Doutrina dos Espíritos, quando ainda encarnados, a fim de não promovermos as más influências espirituais em nossos dias.

Os autores

PRÓLOGO

Rudolf von Günter, filho único do casal *Klaus* e *Gertrude Günter*. Foi capitão da *SS* durante a Segunda Guerra Mundial. Capitão *Günter*, assim ele era conhecido.

Seduzido pela hipnótica oratória e pelas promessas de soberania alemã divulgadas por *Hitler* o rapaz foi cometendo grandes erros. E, segundo o próprio *Rudolf*, teve um único acerto: salvou a vida da doce *Hanna*, uma jovem judia por quem se apaixonou perdidamente.

O sofrimento experimentado não pôde diminuir o amor nem a íntima ligação espiritual existente entre eles. E, para salvar a vida da mulher amada, o capitão nazista não titubeou por um segundo sequer. Tomou uma atitude drástica e irrevogável: renunciou a si mesmo para vê-la protegida das garras dos homens comandados por um louco.

Como resultado, *Rudolf* despediu-se da vida no auge da juventude e viu-se diante da triste realidade, no vazio cruel da sua consciência que o levou a atravessar regiões obscuras, ameaçadoras, porém, necessárias para a melhor compreensão do caminho antes percorrido, como também haurir forças para se equilibrar emocionalmente e desenvolver condições de retomar o rumo certo há muito abandonado.

Tanto a solidão quanto a subtração prematura da vida o amedrontavam. Com o passar do tempo, aprendeu a utilizar a seu favor o importante sentimento de gratidão até que foi socorrido e retirado das zonas inferiores. Já mais consciente, *Rudolf* granjeou o apoio de vários irmãos e, deleitoso a tudo o que lhe era ensinado e a todos que o amparavam na diferente rotina, modificou-se profundamente. Ele reconheceu o quanto falhara na derradeira encarnação, cujo sacrifício em nome de um amor verdadeiro foi seu ponto favorável.

Aproximando-se o momento de *Hanna* retornar ao Mundo Espiritual, ele obteve a permissão para recebê-la. Para tanto, trabalhou com humildade e fez jus ao merecimento de ir ao encontro da amada, da razão de todo o seu viver. E segundo suas próprias palavras:

"*... Eu e minha delicada Hanna estamos entrelaçados desde tempos remotos. Sem ela nada sou, sinto-me vazio, perdido. E, justamente para preencher a parte que me falta, vou aguardar a chegada daquela que é a senhora absoluta do meu coração...*".

Este livro conta a história do amor entre dois jovens europeus, vítimas da Segunda Guerra Mundial; duas almas interligadas através do tempo, das eras sem-fim. Uma ligação que transcende limites, horizontes, destinos. Dois espíritos comprometidos que se buscam e que se encontram, sempre submetidos à lei da reencarnação. Na obra, *Rudolf* se despe dos deslizes e infortúnios provocados nos anos de erros durante a última estação terrestre. Esvaziando o espírito das crenças errôneas cruza as fronteiras mais íntimas a caminho da redenção, trilhando-o a passos largos e seguros.

Avançando para o tempo em que *Rudolf* estava encarnado, o Irmão Cesário descreve o momento do supremo sacrifício em prol da mulher amada:

Na lista dos transferidos do campo de concentração constava o nome de *Hanna Yochannan*. Por um descuido fora encontrada por um dos soldados. A letra, comparada com outras, foi reconhecida. A autoria e responsabilidade pela fuga dos prisioneiros caíram feito bomba sobre o capitão *Günter*. Inesperado rumo nos planos do militar nazista colocou por terra o futuro almejado ao lado de *Hanna* e, a partir daquele dia, o seu destino estava selado.

Chamado à presença do comandante *Kurt* para prestar esclarecimentos achou melhor atender imediatamente. Não sabia, porém, que seria preso logo após o interrogatório.

– Capitão, como você explica esta lista com dez nomes de prisioneiros transferidos que fugiram do campo? Nem tente me convencer de que não tem nada a ver com a evasão dos judeus!

O comandante segurava o pedaço de papel, antes dobrado cuidadosamente, e com a fisionomia carregada avançou mais na direção de *Rudolf*.

– O nome da sua "amante judia" foi incluído. Fui informado de que ela não se encontra no alojamento. Aliás, nenhum dos que constam nessa lista chegaram ao destino programado e, como eles não podem ter evaporado no ar, concluo que fugiram com a sua ajuda!

Com os dentes cerrados, os olhos faiscando de ódio, o poderoso comandante socou a mesa. Em seguida, encarou o acusado de maneira ameaçadora.

– Não sei explicar isso, comandante! Sei que é difícil acreditar, mas estou sendo vítima de algum complô...

Ele mentiu descaradamente na tentativa de desviar a atenção e ganhar tempo para tentar alcançar a pistola guardada no coldre. Desejava estourar os miolos daquele homem arrogante. Respirou lenta e profundamente, pois não podia perder o controle da complicada situação. Mas seu coração batia descompassado, enquanto o pensamento estava desordenado. Uma certeza o fazia repetir para si mesmo: "Ah, se meus compatriotas pudessem perceber a verdade camuflada sobre essa guerra sem sentido, não ousariam desrespeitar os judeus! Pobres criaturas vítimas do orgulho alemão!"

Embalado por tais pensamentos, *Rudolf* encheu-se de coragem e levou a mão direita na direção da arma. Liquidaria *Kurt* no segundo seguinte, pois sabia que a sua situação era grave e dificilmente escaparia ileso. Tudo o que desejava era aguardar o término daquela matança descontrolada e seguir em busca da sua companheira. Todavia, agora desmascarado, seria acusado de traição e seu fim era certo. Nada mais importava para ele...

Um dos soldados que testemunhavam o interrogatório percebeu a intenção. Antes de qualquer movimento mais violento por parte do acusado, ele apontou a metralhadora na direção de *Rudolf*. Imobilizado, rendeu-se humilhado e, em seguida, foi detido e apontado como traidor. O termo utilizado para tais casos era: "alta traição" aos princípios nazistas. Era o fim para o oficial apaixonado. O pavor era evidente. Sua fronte suava em excesso, por ver certo o seu fim, não obstante, seu íntimo vibrava em festa por saber que seu plano de libertar *Hanna* tivera êxito. Pela hora, ela já estaria bem longe daquela pocilga...

No dia seguinte, uma manhã fria na Polônia, o comandante *Kurt*, deixando aflorar o seu lado mais cruel, decidiu por não levar o acusado para passar por um julgamento, todavia, também não se contentava em executá-lo sumariamente. Por isso, mesmo não sendo mais o costume utilizado, optou pelo enforcamento, alimentando assim seus próprios delírios doentios. Ordenou aos *kapos* que preparassem o cenário, enquanto investiria em uma última tentativa: usaria de ardis para saber o provável paradeiro do grupo de fugitivos.

— Você é um oficial condecorado. Basta que me diga para onde eles fugiram que poderei suspender a sua pena de morte! — mentia descaradamente. Pela fria fisionomia do comandante era visível a satisfação em vê-lo morrer, quem sabe, porém, com sua astúcia comprovada conseguiria mais uma medalha das mãos do próprio ditador.

— Ignoro o paradeiro deles, senhor! Eles deveriam ter chegado ao destino conforme a ordem do *führer*!

— Capitão, capitão! Você não está lidando com um soldado qualquer! Já sou militar há mais de trinta e cinco anos e posso lhe garantir que já presenciei muitos casos semelhantes.

Demonstrando segurança, o acusado reafirmou sua posição com imensa indiferença àquele homem envenenado pelos discursos nazistas. Acreditava que pudesse ganhar mais tempo já que não passaria pela corte marcial. Assim, quem sabe, reverteria sua condição deveras crítica. Alguém poderia surgir a qualquer instante, acreditando em sua inocência e o libertaria das acusações.

— Já disse que não sou o autor da evasão que ocorreu no campo! Ninguém pode provar nada contra minha pessoa! — permaneceu categórico em sua afirmação.

— Quem garante que não seja um conspirador infiltrado em nosso exército?

— Com todo o respeito, senhor, o que afirma é um delírio, um absurdo! Sou de família alemã e meu pai é amigo do nosso chefe de Estado!

— Como ousa se dirigir a mim dessa maneira? Seu pai pode ter sido amigo de nosso líder, o que não o isenta de ser um traidor de nossa nação e de nossos ideais!

Naquele instante, *Rudolf* não conseguiu conter sua revolta diante da doentia submissão do comandante.

— Ideais que nem mesmo o senhor acredita mais! As ideias da supremacia ariana não estão sendo aceitas em outros continentes. Os aliados preparam-se para o ataque. Sabemos muito bem disso, comandante! — respondeu *Rudolf* destemido.

Kurt, um homem fraco e cheio de recalques, necessitava, a todo minuto, provar a sua superioridade e não eram apenas os judeus que sofriam com seus desmandos, mas todos os militares que estavam sob o seu comando. Desaprovou o tom desafiador do oficial condenado à morte.

— Chega! — grasnou alucinado, logo em seguida socou a mesa com força — Você morrerá como um traidor! Antes, saiba que, custe o que custar, eu encontrarei a sua amante semita e não medirei esforços para vê-la destruída antes de mandá-la para o inferno. Ela terá uma morte digna de um judeu... A mesma que você terá agora! — assegurou o déspota.

O olhar de *Rudolf* fuzilou-o. A aversão àquela criatura arrogante era notória, e não pode deixar de temer pelo destino de *Hanna* se fosse capturada, porém, crendo que ela não corria mais perigo, ficou feliz por tê-la tirado daquele lugar.

Momentos depois, sob a mira de três metralhadoras o conduziram para o local da execução, situado à frente dos alojamentos dos judeus. O cenário para a execução já estava preparado e visível em todos os ângulos. O condenado vacilou. Um arrepio congelante percorreu todo o corpo dele. Naquele ínfimo segundo, teve a certeza de que jamais reveria sua amada, pois a sentença de morte era irrevogável. Só lhe restava amá-la...

Momentos antes da morte, uma última frase foi murmurada e ouvida pelos responsáveis da execução:

— Minha *Hanna*, se mil vidas eu tivesse, todas lhe daria, pois sempre a amarei!

Foi assim que acabou a jornada terrestre de um oficial nazista que, pela força do amor verdadeiro, sucumbiu perante a plateia angustiada...

Capítulo I
PANORAMA DA SEGUNDA GUERRA MUNDIAL

R*udolf von Günter* nasceu em 1916 durante a Primeira Guerra Mundial. No mesmo ano em que seu avô, *Otto Günter*, morreria em combate defendendo a Alemanha, nação derrotada naquele conflito. Cresceu ouvindo o pai contar os heroicos feitos do capitão *Otto*; fatos que o inspiraram e o incentivaram, desde tenra idade, a seguir a carreira militar, contrariando os anseios maternos. Nesse clima, transcorreram-se os anos, a década de 1930 rompeu sem que *Rud* – como era chamado em família – mudasse sua decisão.

Gertrude, a mãe, era avessa ao militarismo. Antevendo um triste desfecho, tentava, de todas as formas, remover tais ideias nutridas por seu único filho.

– Eu nunca escondi meu aborrecimento com os assuntos militares travados entre você e seu pai...

– Mamãe, por favor, já falamos tantas vezes sobre isso e eu fico muito triste com a sua incompreensão – retrucou *Rud* antes que ela completasse o pensamento que tanto a incomodava.

— Como posso compreender o fato de meu único filho desejar tanto entrar para a vida militar depois de tudo o que vi acontecer na guerra? Não me peça complacência, porque eu assisti ao caos; conheci mães, esposas e pais sofrendo a perda dos seus e, agora, vejo você, *Rud* desejando o mesmo caminho. Quando na verdade, sonho em vê-lo concluindo uma boa faculdade, quem sabe, tornando-se um médico – conclui *Gertrude* com um longo suspiro.

— Esse é o seu sonho, mamãe, mas não é o meu! Depois, quem pode garantir-lhe que haverá outra guerra e que morrerei nela.

— Não fale assim! Você não sabe o que diz, mas tem noção do período incerto que estamos atravessando! – finalizou a matriarca já alterada com o insucesso da investida.

Não existiam argumentos que o removessem do sonho alimentado há anos. Era a sua sina, o destino montava o cenário para que ele e muitos milhares de jovens seguissem convictos na crença implantada pelo nazismo. Ainda mais naquela época em que quase toda a Europa era regida por governos totalitários e com fortes objetivos militares e expansionistas.

Em 1933, *Adolf Hitler* se tornou chanceler. Com ele, surgiu o nazismo iniciando a perseguição contra os judeus, os homossexuais, os comunistas, os oposicionistas, os protestantes, os ciganos... *Hitler* denominou sua ascensão e o processo para remoção dos judeus da sociedade alemã de "revolução", garantindo que tal processo de "higiene racial" seria o estopim da volta da Alemanha aos tempos do grandioso Império. A bandeira da República foi substituída pela da suástica do partido nazista.

Com pretensões de ampliar o território germânico, usou o sentimento nacionalista para alcançar esse fim. Grandes mudanças econômicas ocorreram na Alemanha quando pôs em prática um largo programa de intervencionismo econômico. Era o prenúncio de um novo conflito armado. Pois, a ascensão do ditador ao poder demonstrava claramente um obscuro período desenhando-se na Europa e na História Moderna.

Derrotados na Primeira Guerra, os alemães assumiram responsabilidades perante os países vencedores, conforme o acordo de paz assinado em 1919 pelas nações europeias: conhecido como o *"Tratado de Versalhes"* e em seguida ratificado pela recém-criada Liga das Nações (futura ONU). Tal acordo obrigava a Alemanha a cumprir uma série de exigências, limitando as ações militares e políticas levando-a ao caos financeiro com a obrigação de pagar vultosa indenização aos países vencedores, pelos prejuízos causados durante a guerra. Como consequência, essas intensas oposições fizeram nascer no país um sentimento de revanchismo e revolta entre a população. A indenização absurda enterrou de vez a economia, já abalada pela guerra, e fez surgir uma forte crise moral e econômica. Todos esses fatos figuraram como um terreno fértil para o aparecimento e o crescimento do nazismo que levou a Alemanha para a Segunda Guerra Mundial.

Na verdade, o desejo subjetivo do povo europeu sempre foi a ampliação de território, aumentando os domínios e controlando as nações vizinhas, além das várias investidas nas Américas ao longo dos tempos. A expansão territorial de *César* na Europa e no Oriente Médio sempre foi tida como modelo a ser copiado pelos governantes da época no referido continente.

Uma série de acontecimentos que antecederam o início do conflito marcou negativamente aquele território, como, por exemplo, as universidades serem transformadas em instituições nazistas de ensino. E em várias cidades alemãs foram organizadas queimas em praças públicas dos livros que eram considerados oponentes ao novo regime.

Durante o tempo em que perdurou o conflito, a Alemanha, sob o regime nazista, construiu vinte mil campos de concentração, os quais foram utilizados com finalidades diversas: trabalho forçado e também como local de extermínio de todos aqueles que eram considerados "inferiores" à raça ariana, além dos traidores e espiões. Os oficiais nazistas e os da SS (*Scharze Sonne*, sol negro) passaram a encarcerar judeus alemães e de outras nacionalidades nos campos de concentração. A Polícia Secreta do Estado, conhecida como *Gestapo,* era implacável e temida por todos.

Em 1939, teve início a Segunda Guerra Mundial com a invasão da Polônia. Foi uma ocupação fulminante, pois apesar de os poloneses resistirem heroicamente eles foram duramente trucidados ante a esmagadora superioridade alemã.

A então Tchecoslováquia também foi ocupada pelas Forças Armadas da Alemanha. Foram iniciados os ataques aéreos pela Força Aérea Alemã. Os nazistas faziam prisões em massa de judeus, obrigando-os ao trabalho forçado nos campos de concentração, quando não eram todos executados e até mesmo usados como cobaias humanas em experiências médicas. Assim, o louco sonho de poder de *Hitler* estava se transformando em uma dura realidade.

Os anos passavam-se e a aflitiva realidade na porção europeia do planeta permanecia nebulosa. O conflito tomara proporções gigantescas e extradimensionais. O holocausto causava pesar aos Espíritos mais esclarecidos que, aturdidos, assistiam ao desenrolar da programação expiatória pela qual atravessavam os encarnados. Enquanto na Terra, alguns homens, envolvidos com a ilusória purificação da raça, cometiam atrocidades contra os seus semelhantes, por outro lado, muitos seres, condoídos com tamanha iniquidade, se agrupavam com o objetivo de libertar os perseguidos que ainda sobreviviam aos anos de cruéis sofrimentos.

A vida seguia nesse terrível panorama para os milhares de jovens alemães que lutavam pela causa ariana. Rompia-se mais um ano, e 1943 chegava já sem esperanças para muitos, mas principalmente para um grupo de oficiais descontentes (dentre eles, *Rudolf* – capitão da *SS*) com as barbáries cometidas pelo insano ditador, cujo desejo único era o de comandar o mundo por meio das práticas mais vis já vistas sobre a face da Terra. Apesar das derrotas consecutivas sofridas pelo ditador alemão desde 1941, alguns atentados contra a sua vida não tiveram a capacidade de barrá-lo. Não obstante, parecia que "algo sobrenatural" o protegia. Na verdade, forças espirituais ocultas estavam por trás de todos os projetos daquele líder dementado que desejava ser um novo César. Todos os esforços promovidos por um grupo de nazistas insatisfeitos que desejavam livrar o mundo dos delírios de alguém completamente sem escrúpulos, porém, não tiveram sucesso, e o lunático *Hitler* continuava a comandar o seu exército de assassinos.

Rudolf cumpria o seu papel na guerra, sendo até condecorado pelo próprio *führer*, embora não mais acreditasse na necessidade do combate travado contra os inimigos do nazismo. Aliás, dúvidas passaram a dirigir seus pensamentos nos últimos meses, fruto das observações durante o tempo em que esteve na linha de frente da guerra e conheceu a fundo as técnicas utilizadas contra os prisioneiros nos campos de concentração.

Todas as ações eram calculadas e muitos interesses estavam em jogo desde o início. *Rudolf* sentia-se usado e o sonho de infância transformara-se em um pesadelo horrendo do qual fazia parte. Era secreto o seu envolvimento com o grupo de oficiais que tentava exterminar *Hitler* por serem contrários às práticas degradantes cometidas nos campos de concentração. Uma força antagônica, não mais silenciosa, crescia dentro do próprio *Reich*. Esse grupo se mostrava bastante avesso às selvagerias sem sentido contra infelizes seres humanos, cuja raça era considerada a escória da sociedade ariana, segundo o ditador e os seguidores mais ferrenhos.

Rudolf passou a enxergar certas verdades e, dentre elas, a diferença bem grande entre ser morto lutando em uma guerra e a de aprisionar pessoas, torturá-las e depois matá-las sem um motivo, uma razão que justificasse tal ato.

A mudança de opinião quanto ao nazismo, operada no neto de um herói de guerra, se deu após a transferência dele para o campo de concentração em *Treblinka* na Polônia. Tal fato foi o resultado da solicitação de seu pai, *Klaus Günter*, que, à custa de muito suborno, conseguiu que enviassem o filho para um lugar longe do confronto direto e onde se ocuparia apenas com serviços administrativos no campo nazista.

Preocupado com as notícias da guerra, *Klaus* temeu pela morte de seu filho, especialmente após a participação dele na *"Batalha de Stalingrado"*, uma operação militar conduzida pelos alemães e seus aliados contra as forças russas na antiga União Soviética. Considerada a maior e mais sangrenta batalha de toda a História e a segunda derrota em larga escala da Alemanha nazista, causou a morte e ferimentos em cerca de dois milhões de soldados e civis.

Klaus fora convencido pelo temor materno e ficou intimamente grato por *Rud* ter saído ileso da sinistra batalha, por isso despendeu vultosa quantia como forma de pagamento pela troca de posto do filho.

Os esforços paternos tiveram sucesso e, em meados de março de 1943, o capitão *Rudolf* foi transferido para a Polônia a fim de fazer parte do corpo administrativo do campo de concentração de *Treblinka*.

Dias antes de tomar posse em sua nova função, recebeu permissão para visitar a família. Repleto de saudades partiu rapidamente para Berlim, em direção ao saudoso e aconchegante lar. Abraçar seus pais e agradecê-los pelo empenho de modificar a situação enfrentada no *front* era tudo o que mais desejava. De todas as lembranças que invadiam sua mente um tanto perturbada pelos assombros das batalhas e das mortes testemunhadas, as da família eram como um bálsamo naqueles momentos complicados. As feições da mãe andavam quase esquecidas no campo de combate, entretanto, reacenderam com força total nas horas que antecederam o encontro.

Rud viajava nas memórias guardadas de sua infância e do ingênuo semblante materno, muito contrariado com o gosto pela carreira militar já latente em seu filho. Os sonhos daquela mãe eram mais leves, mais promissores e com um destino menos arriscado. Mas, diante da maneira decisiva do filho e do apoio paterno, *Gertrude* se viu vencida, embora em seu coração acalentasse tênue esperança de vê-lo se interessar em frequentar uma universidade qualquer que lhe possibilitasse diferentes rumos no futuro. Mas vieram os tempos de guerra motivando e acelerando o ingresso de *Rudolf* na vida aguerrida. Igualando-se a quase todas as mães na Alemanha, ela estampava imenso terror e alarmava-se com as notícias sobre os combates, que revelavam o cenário de destruição sabiamente disfarçado para a maioria do povo, especialmente aos pais dos jovens combatentes. Como a maior parte naquele país, sofria com o coração apertado pelas incertezas que a guerra implantava no cotidiano das pessoas, buscava nos instantes de solidão encontrar nas orações a força e a fé perdidas diante do quadro devastador que se apresentava. Algo em seu íntimo lhe dizia que enfrentaria a maior estação de dor. Seria o sexto sentido feminino, uma intuição materna ou alguma espécie de capacidade sensitiva aflorada e não conhecida?

Alheio à devastação na cidade e nos arredores do lugar onde nascera, ele se comovia ao se recordar dos vários momentos vividos ao lado de seus pais. *Klaus Günter*, homem duro, severo e fascinado pelo ideal nacional-socialista, almejava justiça contra os opositores da nova visão disseminada pelo ditador e seus seguidores. Comerciante de classe média em Berlim era proprietário de uma cervejaria – local preferido por *Rud* desde a infância – bem localizada, onde fez muitos amigos influentes, especialmente os militares nazistas, desde os tempos que antecederam o início do conflito. Como a parte esmagadora dos alemães, *Klaus* odiava os judeus e sentia orgulho por *Rudolf* fazer parte do exército de *Hitler*, que buscava no confronto tempos mais "justos" para toda a Alemanha. No entanto, a nova realidade tão sonhada para a pátria tornara-se um pesadelo para muitos. A cada dia as aflições aumentavam, embora não pudessem revelá-las sob a pena de ser julgado como um inimigo traidor dos ideais hitlerianos. O palco sangrento montado por toda a Europa mantinha-se à custa de milhares de vidas, de todas as crenças e nacionalidades, inclusive a dos seguidores fiéis da oratória alucinada e assassina.

A preocupação da esposa acerca da segurança de seu único filho, e o temor de vê-lo morrer em combate apresentava importantes fundamentos, a ponto de contagiá-lo totalmente. O pânico também dominara *Klaus* que, movido pelo medo da atual circunstância, não mediu esforços nem valores para ver seu rebento em segurança.

Imerso em pensamentos, *Rudolf* nem se ateve à paisagem destruída por todo o caminho percorrido. Entulhos por toda a parte, sinais claros dos bombardeios aéreos aqui e ali, violência e abuso, descontrole emocional e o nascimento em massa de milhares de monstros adormecidos que se revelaram cruéis e sanguinários por meio da farda e da suástica que usavam, representando o orgulhoso domínio.

A ruína estendia-se por todos os lados e em cada rosto encontrado no percurso feito com cuidadosa lentidão no *Kubelwagen* (jipe alemão, que nada mais era do que uma adaptação do carro popular para uso militar).

Berlim, também atingida pelas consequências da guerra, não era mais a mesma de antes. Tão logo o jipe ganhou a cidade, uma triste cena trouxe o jovem capitão de volta à crua realidade: uma senhora de meia-idade chorava abraçada ao corpo inerte de uma jovem, ainda uma menina, vestida com a farda, as botas sujas de lama e abraçada ao seu fuzil. O mais chocante naquele quadro era a visão da expressão de dor estampada no rosto daquela senhora, ao ver a jovem sucumbir por um tolo ideal. Ambas, cidadãs alemãs, possivelmente mãe e filha ou avó e neta, quem sabe! – pensou *Rud* – quantos adolescentes ingressaram naquela guerra para morrer por algo que eles mesmos não entendiam?

Sem dúvida nenhuma, a cena tornara-se corriqueira por aqueles solos e ninguém mais se assustava em ver meninas e meninos, ainda no desabrochar da idade, cheios de vida, mas envolvidos com uma guerra suja e torpe. Para ele não era novidade, mas, naquele dia em especial, a cena calou fundo em seu coração cansado de assistir ao derramamento de sangue.

Os questionamentos tomaram conta da mente assustada do jovem capitão, pois já não via mais utilidade para tantas mortes e destruição. Se o primeiro conflito trouxe um período de dificuldades financeiras reduzindo o poder de ação do país, subjugando a capacidade desejosa da supremacia "justa" como acreditavam até então, essa segunda guerra, sem dúvida, arrastava o orgulhoso povo, já bastante humilhado, para a autodestruição. Pior de tudo é saber que *Hitler* era o condutor daquela desgraça, o único e terrível maestro da sinfonia mortal e que ninguém conseguia barrar.

O pesado toque da mão do soldado que conduzia o jipe militar retirou o capitão das conjecturas que o invadiram. A longa distância entre a base militar e o endereço desejado fora vencida. *Rud* mal podia acreditar que estava de volta em casa, porque fazia meses que andava distante, e muitas vezes, em momentos tão críticos, ele imaginava ser o seu fim.

A imagem dos instantes ao lado da família desenhava-se colorida, enquanto o chão era pintado de vermelho.

Fim da linha, hora do reencontro. A velha placa com a inscrição "Cervejaria *Günter*" estava bastante danificada, retorcida e quase inelegível. Entretanto, o endereço era conhecido em toda a Berlim. Emocionado, *Rudolf* continha as lágrimas porque aprendera desde cedo que homem não chorava. Criado para ser forte e indiferente ao sentimentalismo, ele aprendeu a conter suas mais profundas emoções, traços de caráter comuns aos europeus.

A porta da cervejaria estava fechada, indicando que não havia expediente. Por alguns segundos, veio à sua mente imagens dos melhores anos: o bom movimento, as conversas, os charutos acesos inundando todo o interior com a fumaça aromatizada e a cerveja escura, produto mais vendido no estabelecimento. O ambiente interior não muito iluminado tornava-se um tanto sombrio com as mesas e cadeiras de mogno, quase sempre ocupadas por homens enigmáticos e militares temidos, enquanto ele, ainda criança, desfilava por entre as mesas e as botas dos oficiais da Primeira Guerra Mundial.

As muitas lembranças de um tempo perdido no passado distante foram interrompidas pelo conhecido ranger da porta da casa que ficava na parte superior do estabelecimento comercial. Ao atravessá-la, viu seus pais, mais envelhecidos e sofridos em relação à última vez que ali estivera para visitá-los. Pareciam mais sombrios e endurecidos, embora as lágrimas de alegrias brotassem nos olhos de *Gertrude* assim que avistou o filho. Tomada pela emoção, sem mais esperar, correu para o abraço tão esperado.

Realmente, a guerra do alienado fora deflagrada contra o seu próprio povo. Agora *Rudolf* sabia disso. Podia enxergar por outro prisma e ver além das aparências. Nenhum sonho como aquele, divulgado em longas e convincentes retóricas, poderia se realizar sem privação, dor e sofrimento.

O abraço bem apertado, ainda caloroso, causou imensa

ternura no capitão acostumado com os horrores dos confrontos experimentados. Por alguns minutos, a mãe manteve o rosto de seu rebento entre as mãos para poder fixá-lo melhor e se certificar de que tudo estava bem com ele. Mãe e filho choraram muito, entre abraços e beijos, até que *Klaus*, mais contido, juntou-se a eles. A família *Günter* estava reunida mais uma vez, e não importava por quanto tempo ou se haveria outra oportunidade, porque aquele momento era único e eterno.

O silêncio foi quebrado pelo pai. Com as palavras embargadas pela comoção, convidou:

— Vamos entrar, meu filho! É perigoso ficarmos aqui fora... — completou diminuindo o volume da voz.

— Seu pai está certo! Entre, você deve estar muito cansado da viagem... — arrematou *Gertrude* já mais refeita.

A porta se fechou novamente mantendo-os unidos por alguns dias, até que outra vez se abrisse para a despedida.

Capítulo II
DIAS TRANQUILOS

A segurança do lar, embora bastante frágil pela situação que monopolizava toda a Europa, deixou o capitão mais relaxado naqueles dias de visita. Quase se esquecera de como era bom o conforto que as pequenas coisas podiam propiciar e que nunca foram valorizadas antes de começar o grande conflito. A cama confortável e perfumada e o banho quente, apesar da insuficiência de água, revigoravam o corpo esgotado de tantas penúrias. A refeição fresca, embora escassa, relembrava os melhores aromas de um passado feliz.

Os pequenos gestos amorosos de sua mãe, aliados à forte presença paterna, faziam com que *Rud* se sentisse resguardado de qualquer perigo. Entretanto, as condições financeiras da família já não eram mais as mesmas depois que o pai precisou usar todas as economias na transferência dele para um campo de concentração, deixando-o definitivamente longe da linha de frente exterminadora daquela guerra com proporções mundiais. Difícil e demorada seria a reconstrução da antiga situação. Os reflexos negativos das ilusórias loucuras nazistas envolveram o país sem cuidado algum. A população em geral sofria com o racionamento, ao contrário da alta sociedade alemã partidária de *Hitler* que seguia como se nada estivesse acontecendo, pois bailes e festas eram patrocinados com os recursos roubados dos prisioneiros – principalmente dos judeus e dos ciganos – e a bebida corria solta. Os canapés e o caviar não faltavam na mesa daquela "classe de elite", enquanto que o restante da população sofria com os horrores da guerra, com a fome, o frio, o desemprego e as doenças.

Com a posição de oficial da *SS*, *Rudolf* teve alguns privilégios: quando possível frequentava algumas festas nas quais também era bajulado. Mas foi na arena de combate, distante de qualquer comodidade que pôde perceber a extensão de tudo o que a guerra estava causando para o povo e para as outras nações invadidas. Ali se iniciou o despertar de *Rud*, confirmado ao testemunhar a forçosa privação que seus pais enfrentavam por tornarem-se vítimas dos subornos do militarismo nazista. Aquela realidade precisava ter um fim, e a única esperança era a de que o grupo de oficiais insatisfeitos, no qual ingressara, conseguisse obter êxito no próximo ataque já planejado contra o lunático ditador. De momento, o que poderia fazer para benefício de sua consciência atormentada era agradecer aos pais pelo extremo esforço em mantê-lo seguro e vivo.

Klaus estava sentado no sofá da sala de estar próximo ao rádio, na tentativa de ouvir novas notícias da guerra, enquanto *Gertrude* preparava rala sopa de batatas com algumas folhas verdes para ser servida no jantar. O filho aproximou-se sem demonstrar a amargura que trazia em seu peito. Assistir àquele triste quadro familiar mexia profundamente com ele.

Vendo-o abeirar-se, o patriarca desligou o aparelho, interrompendo as ondas que chegavam um tanto distorcidas. Nesse instante, o jovem aproveitou para abrir seu coração.

– Atrapalho, papai?

– De jeito nenhum! Estava procurando notícias sobre a guerra esquecendo que você está aqui e pode repassá-las com maior clareza – *Klaus* sorriu com certa amargura.

– As notícias atualizadas não chegam diariamente até nós que estamos envolvidos diretamente. Mas, com certeza, sabemos mais verdades do que o povo ainda iludido.

– Vejo descrença, cansaço e desilusão em seus olhos, que antes refletiam o orgulho ariano! Isso me preocupa, embora eu o compreenda, *Rud*, pois hoje compartilho dos mesmos sentimentos seus. Logo eu, um ferrenho defensor da causa, crente nos ideais que considerávamos "justos"...

– Muitos, hoje, encontram-se descrentes, desmotivados, enganados. A expansão da nossa supremacia se transformou em uma época de atrocidades e de insanidades generalizadas. Filhos são induzidos a entregar os pais, como as pessoas são levadas a denunciar amigos, parentes, vizinhos e desafetos, todos os que se declarem contrários ao regime nazista. É por isso, papai, que aos poucos passei a compartilhar das ideias dos oficiais contrários às práticas degradantes cometidas nos campos de concentração, justamente para onde fui transferido! – desabafou *Rudolf*.

Uma força contrária aos desmandos de *Hitler* crescia dentro do próprio *Reich*. Não mais tímida, embora meticulosa, porque muitos se mostravam avessos aos ataques sem sentido contra seres humanos, considerados escória, uma infeliz casta segundo o ditador.

Oficiais foram fuzilados e outros foram enforcados por alta traição ao ideal alemão, e essas eram as consequências para quem participasse de qualquer esforço de livrar o mundo dos delírios de alguém completamente sem escrúpulos e sem sentimento de humanidade. *Klaus* sabia disso e temia pelo filho.

— Seu envolvimento com esse grupo opositor preocupa-me muito. Se você for descoberto, meu filho será considerado um traidor e pagará como tal! Talvez, não seja bem isso que ocorre nos campos. Pelo que sabemos são locais de ressocialização para os judeus. São espaços construídos especialmente para eles, separando os arianos dos judeus. A justiça começa a existir, porque assim eles deixarão de tomar nossos lugares na sociedade. Não se envolva em nada perigoso *Rud*, eu lhe imploro! – desabafou o pai.

— Fique tranquilo. Nossas ações são sigilosas e não têm como serem descobertas! No entanto, papai, fazendo parte do núcleo de execução dos ideais do *führer*, eu garanto que as ocorrências no interior dos campos não são exatamente o que anunciam. As crueldades acontecem sim, inclusive, dizem alguns que muitos judeus desaparecem sem deixar rastros – assegurpu o capitão.

— Temo que, com todo o nosso empenho em removê-lo

do *front*, estejamos lhe enviando para um local terrível! O que pode ser menos perigoso?

— Numa guerra, não existem lugares menos críticos! Contudo, e é por isso que estou aqui, quero agradecer ao senhor e à mamãe pelo esforço de me retirar da linha de frente, porque se lá continuasse e se sobrevivesse, por certo enlouqueceria. Apesar de saber pelos relatos apresentados, o que realmente acontece dentro dos domínios dos campos nazistas, trabalharei somente na área administrativa, o que me possibilitará certa distância e me resguardará de tais métodos — num impulso, *Rudolf* abraçou o pai demonstrando gratidão.

— Não precisa agradecer. O que nos importa é vê-lo seguro até que finde a guerra e retorne para o nosso lado como sempre foi! — *Klaus* chorava discretamente pela emoção do abraço filial.

A conversa entre eles durou um pouco mais e se estendeu até a hora da refeição. O oficial não se conformava em vê-los atravessando momentos de severas economias. Entretanto, *Gertrude*, que se juntara à palestra, fez questão de tranquilizá-lo, alegando que todo o país vivia igual situação conformado com o sacrifício. O parco jantar fora servido e nem de longe se comparava às antigas iguarias preparadas em outras ocasiões, embora a recebesse como um banquete, pois há muito tempo ele não fazia uma refeição quente e em família.

Mais tarde, todos se recolheram. O quarto de *Rudolf* permanecia impecável, embora a mãe o tenha transformado em um santuário particular com várias fotos de todas as fases da vida de seu único rebento, espalhadas por todos os lados. Sentindo-se comovido pelo sofrimento que sua ausência causava, tentou adormecer com imagens da guerra e dos anos vividos em família se alternando em sua mente.

Considerando-se o clima de dura peleja sobre toda a Berlim, a noite foi serena, permitindo que o dia rompesse sem sobressaltos.

Klaus estava na cervejaria aguardando a chegada de uma pequena quantidade do malte para produzir a famosa cerveja. O produto estava escasso desde os primeiros anos da guerra e o conseguia apenas contrabandeando.

Rudolf conversava com a mãe na cozinha, enquanto um chá era coado. Muitos assuntos foram abordados e em todos os questionamentos feitos por ela, o jovem procurava esconder certos detalhes mais picantes das batalhas que enfrentara. Assim, os temas giravam mais em torno do dia a dia dos pais e da última visita feita à casa de tia *Bertha*: a única parente mais próxima, com residência em Hamburgo. Surpreendido com as revelações sobre a atuação da tia contra o nazismo, pela primeira vez *Rud* a admirou grandemente.

— Titia *Bertha* é muito corajosa mesmo! Enfrentar o exército de *Hitler*, rompendo laços patriotas e transgredindo a todas as regras impostas, é um ato heroico – exclamou *Rudolf*, eufórico.

— Ela perdeu o juízo. Eu e seu pai receamos muito pelo futuro dela. Onde já se viu usar o porão da sua casa para abrigar os parentes judeus do finado marido?

— Em outros tempos, eu ficaria horrorizado e seria o primeiro a denunciá-la, mas depois de tantas injustiças cometidas contra os judeus, só posso admirar a audácia de titia.

— Nem posso pensar no que poderá acontecer conosco se ela for descoberta. Segundo *Klaus*, todos nós seremos punidos por acreditarem que encobrimos tais atitudes contra o *Reich*... – confessou *Gertrude*.

— Papai está certo! Todo o cuidado é pouco.

— Ele já tentou removê-la desses atos, mas foi em vão. *Bertha* está irredutível. Tudo o que nos resta é rezar muito.

— E papai, o que fala dos feitos da única irmã? – conhecendo do ódio que o pai nutria pelos judeus e diante da posição perigosa da tia, não pôde deixar de ser indiscreto.

— Esbravejou muito! Esconjurou outro tanto! Você sabe, desde o casamento dela com aquele judeu, *Klaus* não a considerava mais como membro da família. No entanto, por causa das atuais circunstâncias, tudo o que ele mais deseja é a segurança de todos nós.

— Um dia tudo isso acabará! – assegurou o jovem capitão sem acreditar muito nas próprias palavras.

— Quando chegará esse dia, meu filho?

Capítulo III
A HISTÓRIA DE BERTHA

Retirado o véu que encobria a verdadeira atividade que agitava os interesses da tia, *Rud*, ainda boquiaberto não sabia o que pensar. Mais do que coragem era necessário ousadia para enfrentar a *Gestapo*, administrada pela *SS*, cujo objetivo era garantir o completo domínio da população pelo Partido Nazista. Como polícia política, mostrava-se implacável em situações como as de *Bertha* que, se descoberta, não receberia complacência e, ao certo, seria executada.

O jovem capitão estremeceu de terror e só de imaginar ameaçada a segurança da família sentia intensos calafrios, pois sabia exatamente o que aconteceria se a verdade viesse à tona.

Embora apreciasse a posição atrevida daquela mulher contrária às ideias egoístas anunciadas pelo nazismo, não deixava de se preocupar ainda mais com o porvir de todos os envolvidos, principalmente de seus pais que, inicialmente não se apresentavam receptivos e não se envolviam, mas estavam ligados por fortes laços consanguíneos.

Klaus Günter pertencia a uma família tradicional da Alemanha. Nascera em fins do século XIX, filho caçula de uma prole de quatro filhos, sendo *Bertha* a filha primogênita.

Rudolf fazia parte da segunda geração e pouco conviveu com os tios paternos, pois dois deles se mudaram para a América do Sul quando ele ainda era bebê, e tia *Bertha*, envolvida em um passado obscuro, sempre fora excluída, o que resultara em pouco contato com o restante da família. Aguçado pela curiosidade, desejou desvendar todos os mistérios que cobriam os passos da única mulher descendente dos *Günter*. Somente o pai poderia saciar a gigantesca tendência investigatória que dele se acercava. Sem perder mais um minuto desceu até o primeiro andar, onde se localizava a cervejaria.

A porta estava encostada e ele adentrou sem se fazer anunciar. Um forte impacto dominou seus movimentos, e ele permaneceu imóvel por alguns segundos, a dois passos da porta de entrada. O breve período que durara a imobilidade figurou-se como eterno, porque um filme confeccionado com muitas lembranças rodava em sua mente. Consistia nas cenas dos melhores momentos vividos naquele ambiente. Intensa metamorfose se deu ali. Um lugar antes recheado de homens sedentos e solitários estava todo escuro e vazio. Parecia um deserto sem-fim, cuja causa seria exclusivamente a odiosa guerra que varria todas as possibilidades da vida dos alemães de nascença, judeus ou não.

Klaus ainda aguardava a chegada do artigo que faltava para a produção da bebida tipicamente alemã. Nos tempos difíceis que atravessava toda a Europa, diversas matérias-primas encontravam-se escassas ou em falta. Somente por meio do contrabando e a preços exorbitantes eram conseguidas. Mas tudo indicava que nem mesmo por meios escusos, o produtor mais conhecido de Berlim receberia o tão aguardado malte.

Rudolf sentia pesar por vê-lo tão ansioso e impossibilitado de produzir o líquido muito apreciado pelas redondezas. A ociosidade afetava em cheio a saúde do pai orgulhoso do nome que construiu com seu trabalho. A crença nos ideais de *Hitler*; a purificação da raça e a expansão territorial ficariam muito restringidas após o primeiro conflito. Motivos pelos quais os levaram ao segundo, que, por sinal, já perdurava quatro anos e sem nenhuma perspectiva do seu término. Um tempo considerável previsto para um combate daquela amplitude; contudo, longo o bastante para toda a população que sofria com a escassez e o racionamento.

Sentado a uma mesa, o fabricante mostrava-se perdido em pensamentos ou nas boas lembranças de um passado recente. O filho aproximou-se de mansinho, tocou em um dos ombros do pai, trazendo-o de volta à realidade.

— Mamãe falou que eu o encontraria aqui! Ao atravessar a porta me dei conta de quanto tempo se passou desde a última vez — iniciou a conversa.

— É verdade. Nas poucas vezes que nos visitou você não veio até aqui. Mas para que viria, não é mesmo? As portas cerraram-se para o público logo no terceiro mês de combate. Os oficiais, antes mais assíduos por causa das obrigações militares, debandaram-se para seus postos. Os civis, cedo sentiram os reflexos da guerra em seus bolsos e também sumiram. Um ou outro aparece. Restamos apenas eu e os ratos – concluiu sorrindo, na tentativa de não repassar suas angústias ao filho que já as tinha de sobra.

– Vivemos em tempos nada agradáveis. Para ser franco, papai, o sonho que alimentei desde a infância de ser um militar como o vovô, hoje, foi trocado, pelo desejo profundo de ver o fim do conflito e do retorno da normalidade na vida de todos!

– Seu desejo é o meu! Senti orgulho ao vê-lo seguindo os passos de seu avô *Otto*. Todavia, agora compreendo a inutilidade da "justa" guerra para os alemães. Justa! O que podemos entender como justiça? Tenho pensado muito nisso, meu filho! Diga-me, por favor, o que compreende por justiça?

A pergunta pegou-o de surpresa. Sem entender ao certo aonde seu pai queria chegar, pensou por segundos antes de responder. Talvez fosse a ocasião perfeita para abordá-lo a respeito da ocupação de tia *Bertha*.

– Acredito que a justiça seja o compromisso que devemos ter em relação aos outros e nunca um privilégio inerente a certas classes, etnias ou grupos. Esse é o meu conceito de justiça que ficou mais claro com a experiência que tenho vivido ultimamente.

– Bom conceito, embora muito limitado às leis que regem e organizam a sociedade, por isso concordo com sua visão em parte. Porque tenho buscado uma resposta que vai além da vida que temos.

— Não compreendo o que o senhor quer dizer. Por favor, se explique melhor, papai!

— São questões nas quais tenho pensado excessivamente nos últimos tempos. São ideias ou definições que me chegam ao pensamento, não sei lhe explicar com maior clareza. No entanto, têm tomado grande parte de meus dias, já que quase nada tenho a fazer — esclareceu *Klaus*.

— E o que o senhor, segundo tais ideias ou definições, agora entende por justiça? — *Rud*, surpreendido, queria ouvir o pai, embora, no fundo, temesse que se tratasse de perturbações mentais resultantes da saúde abalada pela inatividade.

— Pensando em tudo o que tem ocorrido em nosso país desde o início da guerra, vejo que o tema justiça, amplamente divulgado pelo *führer*, não passa de um meio de burlar sua consciência assassina e seus atos hediondos. Enganando-se, ele consegue, graças ao seu poder persuasivo, enganar as massas. Portanto, a justiça almejada está sendo confundida com sede de poder. Vejamos por outro prisma, meu filho, pelo lado religioso.

— Misturar religião, justiça e política não dá certo, papai! — deduziu *Rudolf* confuso com o rumo da conversa.

— Esclarecerei o ponto de vista que levantei.

— *Klaus* então respirou profundamente ganhando tempo para organizar a linha de pensamento, em seguida começou a falar por intuição.

— Somos seres criados por Deus e carregamos encerrada na Alma uma noção clara de justiça. Falo da justiça de Deus, um princípio imutável que rege nossas vidas.

Quando desrespeitamos esse princípio e cometemos uma injustiça, a vítima pode se rebelar com o desejo de vingança, fazendo afluir de seu âmago as piores paixões que o transformarão em um demônio. Por outro lado, se resistirmos, deixaremos que a justiça fique por conta de quem nos criou, sem perder a fé em sua correta aplicação. Embora inconscientes, possuímos tais esclarecimentos, mas, ainda movidos pelos instintos, cremos que nada impede que o mais forte oprima o mais fraco. Como resultado, cometemos inúmeras iniquidades para depois vivermos as revoluções; os desatinos e a decadência dos povos. Como a guerra que vivemos hoje, por causa da nossa crença errônea no ajustamento, nos tornamos desonestos, e nós estamos sendo conduzidos pelo pior e mais perverso demônio que já existiu: o ódio.

— É tocante o que acabou de falar, papai! Nunca pensei dessa forma, aliás, sempre levantei a bandeira do nazismo e nem sei por que tenho me modificado tanto. Na verdade, sei sim, assisti a várias mortes de muitos jovens como eu que acreditavam nos ideais, os vi tornarem-se assassinos, como eu me tornei, matando seres sem um motivo maior que não fosse pela sua própria etnia.

— Eu também me tornaria um assassino se lá estivesse. Agora, não pense mais nisso, pois você cumpria ordens. Agradeço a Deus por ter conseguido retirá-lo daquele inferno. Tudo o que precisa fazer daqui por diante é preencher papéis, se ocupar com a burocracia até que a guerra tenha um fim. Prometa-me que não se envolverá com grupos de oficiais justiceiros e que fará apenas o que sua função administrativa lhe cobrar? – pediu o pai, esperançoso quanto ao futuro do filho.

– Depois do que ouvi hoje sobre justiça, prometo sim, papai! Pode ficar sossegado – assegurou, sorrindo.

Os questionamentos que se alastravam na alma de *Klaus* era o resultado da presença de alguns Irmãos Espirituais muito ligados a ele e surgiram graças às orações feitas pela esposa em prol do filho, de todos os soldados e dos perseguidos da guerra.

Sem possuir conhecimentos específicos acerca da vida espiritual, contudo, participante ativo do catolicismo, o chefe daquela reduzida família ia, aos poucos, recebendo intuitivamente determinados conceitos espirituais que, num crescente, promoviam mudanças íntimas. Tais alterações tornavam-se visíveis dia a dia, e aquele homem orgulhoso e cheio de preconceitos dava lugar a uma criatura transformada pelo trabalho incessante da equipe espiritual que o acompanhava.

Rud, ainda muito preso à vida material, não conseguira perceber a sutil mudança que se operava no pai, mas, sem dúvida, estava sendo também influenciado a ponto de despertar para certas verdades. Assim, a atual visita ao lar foi amplamente organizada pelos desencarnados para que o oficial, já cansado das transgressões dirigidas pelo ditador, se preparasse para os novos rumos que se apresentariam nos dias vindouros.

Aproveitando o clima mais íntimo e ameno que se instalou entre eles, *Rudolf* tocou no assunto que lhe fez procurá-lo.

— Papai, um motivo muito sério trouxe-me aqui à sua presença...

— Assunto sério? Do que se trata?

— Trata-se das atividades de tia *Bertha*. Quando citou o nome dela, *Rud* percebeu a mudança no semblante do pai. Mesmo assim iniciou a interrogação. Era vital que conhecesse a verdade, pois todos corriam graves riscos por causa dela.

— Conversava com mamãe momentos antes e descobri sobre a ligação de titia com os judeus. Temo por nós, porque o senhor sabe o que pode acontecer se ela for descoberta, não sabe?

— Sei sim, meu filho. Há mais ou menos dois anos, eu e sua mãe viajamos até Hamburg para visitá-la. A experiência não foi nada agradável, pois a mansão estava servindo como refúgio para os judeus. Temerosos, eu e *Gertrude* retornamos dois dias depois e até então nos mantemos distante de minha irmã. Não queríamos ser acusados injustamente, ainda mais que naquela época eu ainda não havia modificado a minha opinião sobre a guerra.

Klaus fez uma pausa antes de finalizar.

— Hoje sei que o caso de sua tia se encaixa no que falamos há pouco...

— Tudo bem, papai. Mas todo o cuidado é pouco. A noção de justiça que o senhor hoje prega não é a mesma do nazismo, e isso pode nos custar à vida. Por isso estou aqui, sentado ao seu lado, para saber a verdadeira história da titia.

O cansado homem acenou positivamente, enquanto seus olhos se enchiam de lágrimas. O que antes para ele figurava-se como uma afronta hoje via como um ato heroico da única irmã. Ajeitou-se na cadeira voltando-se na direção do filho e começou a narrativa.

— Quando tudo aconteceu, eu ainda era uma criança e não entendia bem o que ocorria, e por muito tempo desconheci a verdade até que um dia, mamãe contou-me os pormenores sobre o nosso drama familiar. Como é do seu conhecimento, éramos quatro irmãos e *Bertha*, a mais velha. Ocupava-se pouco com os estudos, o que resultou na posse de poucas letras. A sua instrução se resumia apenas em saber ler, escrever e o básico da matemática. Porque as tarefas da casa e o compromisso com os cuidados para comigo que, naquela época era bebê, lhe exigiam muito tempo e dedicação.

Fez uma breve pausa por causa da saudade provocada pelas lembranças do passado.

— Meus outros irmãos, *Ludvick* e *Gerald*, eram moços quando partiram para a América do Sul. Somente depois de três anos recebemos as primeiras informações nos dando conta do paradeiro de ambos. Viviam num país distante de outro continente, mais precisamente no sul do Brasil, onde, segundo as últimas correspondências, eles firmaram residência, fizeram pequena fortuna no ramo da agricultura e posteriormente constituíram família.

— Eu li uma das cartas do titio *Ludvick*, e pelo que foi descrito do Brasil acredito que seja um país muito bonito, além de ser pacífico. Um dia quero conhecer meus tios e a terra que os abrigou! — aludiu *Rudolf*.

— Sim, quem sabe um dia todos nós conheceremos.

Mas retornando. *Bertha*, para tristeza dos pais, não era religiosa e tudo fazia para não acompanhá-los às reuniões de domingo na igreja. Foi em uma dessas ocasiões, que conheceu *Kaleb Golim*, filho único de uma família judia que residia há poucos meses na vizinhança. *Kaleb* foi a perdição de sua tia e o fim da paz em família. Por ela ter sido uma adolescente de beleza rara e diversos atributos físicos virou a cabeça do judeu, para desespero de papai que tudo fez para proibir aquele amor. Foi tudo em vão, porque quanto mais eram reprimidos, mais aumentava a paixão dos jovens enamorados.

Nesse ponto da narração, *Klaus* demonstrou os primeiros sinais de emoção, necessitando de alguns minutos para recompor-se.

Rudolf se condoeu com o estado em que o pai ficara ao reviver as memórias tristes da infância. Respeitoso, permaneceu em silêncio aguardando-o retomar a serenidade e assim prosseguir com a história.

–... *Bertha* era muito atrevida, segundo palavras de sua avó, e nem a autoridade exercida pelos nossos pais foi capaz de pôr um término naquele romance. O ápice da desgraça familiar culminou com a vergonha instalada ao tomar conhecimento da gravidez da filha. Se hoje em dia um filho gerado fora do casamento já é motivo mais do que suficiente para destruir qualquer harmonia familiar, o que pensar naqueles tempos, meu filho?

– Titia teve um filho? Eu nunca tive informação da existência dessa criança! – exclamou *Rud* entre o susto e a surpresa da inusitada revelação.

— Sim... Não...

Klaus ficara bastante confuso pelas doloridas reminiscências e não conseguia encontrar as palavras exatas para explicar a situação vivida anteriormente.

— Bem, sua tia ficou grávida, mas a criança não chegou a nascer... — mais uma pausa, agora mais breve — O que irei lhe contar agora se trata do maior segredo de família. Uma mácula que nos feriu e nos oprimiu deveras — esfregando continuamente as mãos, demonstrava nervosismo — A notícia sobre o estado de *Bertha* caiu feito uma bomba. No dia seguinte, papai viajou para outra cidade levando consigo a única filha que não mais retornou, deixando um dorido vazio em meu coraçãozinho de criança. Quando perguntava sobre qual destino tomara, meus pais respondiam que ela havia feito os votos e ingressado em um convento localizado em outra cidade. Anos mais tarde vim a saber de toda a história e confesso que odiei papai por tudo o que fizera com minha irmã. Somente com o tempo pude compreendê-lo, inclusive compartilhei do ódio velado contra os judeus. Jamais poderíamos admitir que nosso sangue puro e ariano fosse misturado ao dos judeus sujos. Para nós, a gestação de *Bertha* nos reduzia ao patamar mais baixo da espécie humana. Que engano terrível!

— A que engano o senhor se refere?

— Ao do ódio, meu filho. Desse maldito sentimento que tem agido como fel sobre o nosso povo. Uma aversão tão profunda por outros seres que nem se sabe onde começou. O que importa sabê-lo, não é mesmo? — àquela altura, *Klaus* já não nutria a mesma raiva pelo povo perseguido — ... Bem, o restante da história você já conhece.

– Com relação ao destino do bebê que titia esperava. Posso saber que fim levou essa criança? – quis saber.

– Como lhe disse antes, não nasceu. Ninguém sabia o que acontecera durante aquela viagem. Papai voltou sozinho trazendo com a estranha notícia dos votos de minha irmã, digo estranha pelo fato de ela ser tão cética e de uma hora para a outra resolver tornar-se freira. Em virtude da pressão feita por mamãe, ele confidenciou que dois dias antes de deixá-la na clausura, procurou uma parteira muito conhecida de uma vila distante e pagou para retirar a criança, contra a vontade da filha que jurou jamais perdoá-lo por aquele ato desumano e cruel. Como consequência da prática anticristã cometida contra uma vida criada por Deus e pelas condições nada seguras, a futura mãe ficou impossibilitada de gerar outros filhos, e se não fosse os cuidados das irmãs do convento localizado na ilha Chiemsee em Munique, *Bertha* teria morrido.

– E o judeu *Kaleb*? O que aconteceu com ele?

– Ficou inconformado, mas jurou resgatar a amada. Não descansou um dia sequer até encontrá-la com a ajuda de uma amiga comum. De posse do endereço cedido às escondidas por mamãe, o judeu arquitetou um plano para raptar a namorada colocando-o em ação meses depois. Como fugiram, continua sendo uma incógnita. A notícia da fuga chegou por intermédio da madre superiora. Papai, sentindo-se traído, a considerou como morta e assim continuamos vivendo com a nova realidade. Cada um trabalhava a dor e o vazio da sua própria maneira. Mamãe tornou-se sombria, distante. Papai, a cada dia mais insuportável; enquanto eu, sem nada entender, aprendi a conviver naquele pesado ambiente e cresci como o único filho da família *Günter* na Alemanha.

Capítulo IV
AS VÍTIMAS DO ÓDIO

Reviver o passado naquela manhã foi uma aflição como seria a despedida do filho no dia seguinte. A oportunidade de fazer tantas confidências figurava-se como uma troca de experiências diferente, o que tornou o momento único e marcante para ambos. Expor assuntos tão íntimos e difíceis fazia-o sentir-se bem, por isso, continuou a história da irmã que, para ele, nos últimos tempos, virara um exemplo de coragem na luta contra o mal instalado naquele país.

Para *Rudolf*, a onda de confiança e proximidade que surgira entre ele e o pai também seria importante para seu porvir; inesperado futuro, para o qual se preparava com aquela conversa instrutiva e proveitosa.

O patriarca tomou a palavra e prosseguiu no relato emocionado.

– Dez anos transcorreram e não se falava dela. Um dia, uma carta chegou endereçada à mamãe que chorou muito ao ler o conteúdo. Era de uma parenta de *Kaleb* dando notícias do retorno do casal para a Alemanha, depois da longa temporada na Polônia, país para onde fugiram na noite em que *Bertha* evadiu-se do convento. Foi na Polônia que fizeram fortuna. O judeu trabalhou como joalheiro até retornar no ano de 1908 para a Alemanha e comprar uma mansão em Hamburgo onde *Bertha* vive até hoje. Anos mais tarde, o marido dela foi lutar defendendo como um patriota o país em que nascera e morreu na Primeira Guerra.

– Que ironia, papai. Morreu pelo país que hoje esconjura e mata o seu povo... – completou *Rud*.

– Sim. *Kaleb* morreu cerca de um mês antes da morte do seu avô no mesmo conflito. Os dois se foram sem ter a chance de acertarem suas diferenças, deixando *Bertha* órfã e viúva quase ao mesmo tempo.

– *Klaus* suspirou profundamente, enquanto estremecia na tentativa de conter as lágrimas.

– Sozinha, *Bertha* ficou vivendo naquela mansão enorme. O novo embate iniciou e, para minha surpresa, ela passou a dar abrigo para judeus perseguidos, parentes do marido ou apenas desconhecidos flagelados. E, segundo contou-me nos dias em que a visitei, gasta toda a fortuna deixada pelo marido para alimentá-los e, quando tem oportunidade, para comprar documentos falsos para os judeus fugirem para outros países fora da zona de conflito...

– É muita coragem e desprendimento mesmo! – citou o filho orgulhoso dos feitos da tia – Mas uma dúvida ainda insiste, como consegue escondê-los da *SS*? Conheço o trabalho de varredura utilizado pela polícia e posso garantir que nem mesmo um alfinete fica sem ser descoberto!

— No local onde eles ficam escondidos a SS nunca os encontrará sem que sejam delatados.

— Posso saber onde fica o esconderijo utilizado por titia?

— Diga-me, o que fará com a informação se eu lhe contar? Porque eu jurei segredo a ela!

— Se eu soubesse de tais fatos logo no início do conflito, ao certo a delataria, acreditando com isso que ajudaria na solidificação definitiva do Terceiro *Reich*. Mas depois de tudo o que vivi e de tudo o que presenciei nos campos de batalha; das terríveis injustiças das quais fui testemunha, nada farei. Para lhe ser franco, admiro titia por tamanho ato de humanidade. Arriscar a própria vida para salvar outras não é para qualquer pessoa. Contudo, não podemos ser descuidados e precisamos estar preparados, porque se, porventura, ela vier a ser descoberta, estaremos liquidados.

— Eu sei disso, meu filho! No entanto, se esse segredo vier à tona e eu tiver que morrer por isso, juro que partirei desse mundo com a Alma lavada e feliz por tê-la ajudado e também testemunhado a coragem de uma mulher nobre, cujo sangue que corre em suas veias é o mesmo meu, embora eu seja um covarde.

— Não diga isso, papai! Ninguém é covarde quando vive sob um jugo igual ao que vivemos. Somos, no máximo, vítimas das circunstâncias. Mesmo cometendo erros, não passamos de marionetes comandadas pela mente mais perversa de toda a Europa.

— Você está sendo otimista. Somos tão culpados quanto a mente criadora de toda essa destruição. Culpados e covardes, volto a afirmar, pois aceitamos tudo, mesmo a contragosto, e nada fazemos para mudar a situação, nenhuma palha sequer movemos para aliviar o sofrimento de um dos perseguidos – confessou *Klaus,* envergonhado. E prosseguiu: Agora, saciando sua curiosidade, vou lhe dizer onde são mantidos abrigados os judeus. No porão da mansão, foi construído por *Kaleb* um alçapão para guardar as joias, o dinheiro e toda a fortuna acumulada. A entrada possui uma pequena abertura, inteligentemente camuflada no assoalho feito de madeira e metal e localizada abaixo do terceiro degrau da escada. Quem lá chega, mesmo que possua o maior dom investigativo, não poderá encontrar um único sinal da abertura.

– E como se dá a liberação da pequena entrada, então?

– Pasme! Com a ajuda de um ímã existente dentro do pingente preso a uma corrente de ouro que *Bertha* traz preso ao peito. Nele está o retrato de seu tio judeu. Foi um presente criado pelo próprio Kaleb, exímio confeccionador de joias. A peça foi construída com a função de proteger o tesouro do casal e, atualmente, protege e salva vidas.

– Impressionante. Gostaria de poder conferir pessoalmente tamanha engenharia!

– Eu jamais descobriria se não tivesse visto, sem querer, *Bertha* acionando o mecanismo. Fiquei de queixo caído ao ver tão pequeno ímã levantando por alguns milímetros uma abertura que dá acesso ao esconderijo. Reparando mais atentamente, pude perceber que o material utilizado como tampa daquela fenda era diferente do assoalho, bem mais leve e resistente, embora haja enorme semelhança entre os dois.

Rudolf ficou sem palavras para estender o assunto e se deu por satisfeito. A vontade de conferir cada detalhe descrito era grande, mas contentou-se dando asas à sua imaginação. O assunto foi encerrado e ambos retornaram silenciosos para o piso superior onde Gertrude os aguardava.

Os primeiros indícios de que a guerra iniciada na Europa perdia força e credibilidade entre os povos que compunham o "Eixo" era evidente. Muitos militares das várias patentes começavam a demonstrar, além do cansaço, a falta de confiança nos ideais que inicialmente inflamaram as multidões e arregimentaram grandiosos exércitos em busca da realização dos objetivos almejados. Os mais afoitos e crédulos na supremacia ariana limitavam-se aos adolescentes, muitos ainda crianças, que ingressavam na luta a fim de formar uma legião de combatentes, fato esse que figurou como uma agressão à juventude carente de um futuro garantido. Raros eram os oficiais com idade mais avançada que se mantinham firmes na ilusória e cega confiança ao idealizador de tamanha crueldade e, consequentemente, ao Terceiro *Reich* tão sonhado no período do pré-conflito. Conforme a Alemanha avançava na conquista dos territórios alheios, uma força contrária surgia com a esperança de combater os delírios do ditador lunático. Todo esse esforço de conscientização, de arrependimento e de mudança do foco principal que os movia pertencia a grupos de Espíritos preparados, cujo sentimento humanitário era difundido por diversos mecanismos mediúnicos de que dispunham. E, utilizando-se deles influenciavam mentes afins ainda no plano físico, suscetíveis às sugestões favoráveis que, aos poucos, foram ganhando terreno e, num crescente, iam minando os apelos bárbaros vindos do manipulador das multidões chamado *Adolf Hitler*. Dentre essas mentes, encontramos a de *Klaus*, receptivo aos primeiros germens lançados do amor ao próximo, em seguida, *Rudolf,* que inconscientemente, preparava-se para trilhar o mesmo caminho e tantos outros cidadãos que não são citados nesse enredo.

O sentimento que movia os alemães na década do horror era o mais danoso de todos: o ódio aos judeus, seres rejeitados desde a Idade Média na Europa, cujo sentimento tão danoso foi ampliado após a derrota na Primeira Guerra, fato que gerou uma situação degradante no solo germânico. Os principais credores eram os judeus. Por isso, foram acusados de serem os causadores da enorme humilhação sofrida pela Alemanha, motivo mais do que suficiente para dar vazão ao maior massacre da História.

Ódio, questões religiosas, inveja, ressentimentos tanto particulares quanto coletivos ou mesmo os mitos nazistas criados no período antecedente ao conflito armado e mundial formavam uma lista de motivos primordiais para dar vida à perseguição cerrada, duradoura e homicida contra um povo rotulado como responsável por diversas desgraças ocorridas naquele pequeno perímetro terrestre. Contudo, a principal plataforma de *Hitler* era a recuperação da destruída honra alemã e não somente a caça aos judeus inflamada por ele próprio como acreditavam e divulgavam nos quatro cantos do mundo. Mesmo porque haviam outros nomeados "perseguidos" e, para tanto, bastava simplesmente ser contrário aos enunciados nazistas.

As câmaras de gás espalhadas pelos campos nazistas simbolizavam a materialização da monstruosidade contida em vários corações envolvidos com a questão. Estas eram usadas contra a grande população de judeus existente no referido território e que representava a vergonha do insucesso dos arianos, pois, vaidosos e orgulhosos não podiam aceitar a superação da raça judia nos vários campos de ação, como no intelectual, artístico, além dos banqueiros, empresários, ourives...

Muito mais do que a responsabilidade pela morte de Jesus Cristo, culpa que pesava sobre os judeus, camuflava-se a insatisfação pessoal dos conterrâneos que, livres dos pesados estigmas carregados pelos semitas, acreditavam-se superiores e, por isso, não admitiam tamanha facilidade para enriquecer e se destacar nas diversas áreas da sociedade como vinha ocorrendo. *Hitler*, aproveitando-se dessa situação instalada e com a Alemanha empobrecida pela Primeira Guerra, assumiu o controle do país como ditador, criou o Terceiro *Reich* e insuflou seu ressentimento contra os hebreus responsabilizando-os pela pobreza dos alemães. Convenceu o povo de que eles eram avaros e exploradores. Por sua vez, os alemães cansados de ver as suas riquezas nas mãos dos odiados semitas apoiaram a instalação das maiores atrocidades humanas...

O trabalho dos Espíritos esclarecidos era dispendioso, pois atuavam no sentido de derrubar tais crenças. Lentamente, foram ganhando terreno nas mentes mais acessíveis e numa vertente espalhavam a conscientização do grande mal que cometiam. E, mesmo a maioria, não encontrando coragem para enfrentar e modificar a dura e injusta realidade, vibrava intimamente para pôr um fim à grande carnificina. Tais vibrações figuravam como uma alavanca do bem em meio ao palco sangrento.

Quase a totalidade dos judeus, raça descendente de "Sem", que vivia em toda a extensão europeia, foi exterminada sem piedade e com requintes de crueldades. Famílias desapareceram da noite para o dia, e durante o período de perseguição permaneceram cativos em seus lares, desprovidos da liberdade inerente a todas as criaturas. Eles viviam nos guetos; sofriam o abandono; a fome; a miséria; a falta de medicamento para os doentes, ou seja, múltiplas privações, além de suportarem os insultos mais ignóbeis para depois serem levados a prisões desumanas, quando não, eram assassinados sumariamente.

Esse quadro esboçava o cotidiano dos judeus durante a guerra, tela sombria, cuja pintura representava todo o horror da insensata estação, conhecida como o holocausto, que retirou milhões de criaturas do palco terrestre de uma forma desumana. A Humanidade as vê como vítimas, entretanto, sabemos que todas, sem exceção, cumpriram resgates seriíssimos de um passado tenebroso. Ainda assim, os sádicos não tinham o direito de cometer tamanhas barbaridades contra a população judia, pois tais atitudes perpetuaram a bestialidade humana, documentadas, vistas e revistas nos inesquecíveis memoriais pelos solos que outrora serviram como arena sangrenta da morte.

As vítimas sucumbiram diante da arrogância descarada da

malta homicida, prepotente e bestificada, cujos atos muito agravaram suas condições espirituais e contraíram débitos seculares. Pobres espíritos que não souberam aproveitar a oportunidade de aceitação das diferenças e do perdão libertador. Alienados, transformaram-se em alvos comandados pelas forças espirituais maléficas que imperam, desde sempre, nos umbrais existentes no Mundo Espiritual.

As quimeras mundanas cegam e deturpam todo o bem maior, produzem prejuízos de todas as formas e agravam qualquer situação com seus fluidos danosos. Direcionado pelas Leis Divinas, que são verdades imutáveis, todo o seguidor reflete a luz e propaga o bem na Terra; especialmente, ao resistir às influências negativas que o cercam constantemente. Em contrapartida, os desarmonizados com o equilíbrio universal deixam de quitar as dívidas já existentes e contraem novas quando se deixam levar pelo domínio do mal, erguendo o ódio contido e elaborando suas ferocidades contra os mais fracos.

A postura reta, a conduta mansa e passiva são virtudes que classificam a superioridade do homem, diferente daqueles que aplicavam os arianos ao usar de violência contra os seus semelhantes. É claro que a Humanidade ainda não se encontrava em condições de ter uma visão tão ampla e espiritualizada sobre a vida terrena, porque a maioria ainda se arrastava no lodo imundo da ignorância, fato que limitava e conduzia à produção de inúmeros desatinos. E assim seguia, causando o mal por toda parte. Mas chegará o dia do acerto de contas, no qual terão que se ajustar ao mecanismo harmônico e progressivo do Cosmos.

Capítulo V
RUDOLF EM TREBLINKA

O derradeiro dia de visita aos pais descortinou-se nostálgico para *Rudolf* que se sentia atingido em cheio por uma onda de tristeza. Um vazio indefinível o invadira. Por isso, resolveu permanecer no leito por mais algum tempo. Queria ficar quieto, isolado para planejar o seu futuro. O sonho de ascensão na carreira não seria mais possível na função burocrática que exerceria no campo de concentração em Treblinka.

Taciturno, olhar fixo e inexpressivo sentia a tensão aumentar conforme se aproximava o instante da partida. Por isso, permitiu que as lembranças do tempo passado no *front* invadissem sua mente repleta de questionamentos.

As recordações dos anos em que ainda aspirava à vida militar sem imaginar o que seria verdadeiramente uma guerra, porque se sentia protegido no aconchego do lar vivendo das ilusões juvenis, tomaram-no de assalto.

Boa parte das famílias ricas na Alemanha era composta por imigrantes judeus, os quais haviam amealhado fortunas com o comércio de tecidos, de ouro e de pedras preciosas.

Também comandavam várias empresas, comércios e bancos. Preferiam empregar os próprios judeus, e para os alemães restavam o desemprego e as dificuldades de todas as ordens. Os semitas chegaram a incorporar algumas palavras do idioma alemão ao deles, chamado *Iídiche*. Tal situação aumentava a animosidade contra aquele povo visto como avarento e aproveitador, espalhando o ódio secular, mas contido, o que aflorou com o romper do segundo conflito mundial.

    O jovem lembrou-se ainda do medo que sentira ao participar efetivamente da guerra que eclodira nos primeiros anos sob o comando de *Hitler* e do quanto fora imperativo acostumar-se com o enfrentamento direto contra o oponente. A adrenalina percorria por seu corpo levando-o a seguir em frente eliminando os adversários, tal qual o insano ditador que outrora admirara. Sem saber, ele tentava matar nos inimigos o mal que existia dentro dele, porque guerrear tem o poder de despertar em qualquer ser humano o que ele possui de pior.

    Desejos, recalques, ambições e tudo o que havia de ruim aflorou rapidamente, logo nos primeiros meses de combate, aumentando a ânsia de sair vencedor das situações que enfrentava na linha de frente. As primeiras impressões eram de que em seu íntimo surgira outra personalidade ao assumir o posto conquistado de capitão por utilizar, com sabedoria e coragem, as melhores táticas de guerra. Ele conseguia livrar seu pelotão das emboscadas ao perceber o perigo a quilômetros de distância, boa percepção que facilitava a preparação de um contra-ataque antecipado.

Tais ações, para *Rud*, eram a comprovação da pretensa superioridade que imaginava possuir todos os pertencentes da "linhagem pura", que, em breve, dominaria o mundo ocidental e oriental.

As medalhas enfeitavam o uniforme da SS e iam sendo fixadas uma a uma, entretanto, dali para a frente não as receberia prestando diariamente serviços burocráticos e somando a quantidade de prisioneiros no campo de concentração. Pensando no assunto, ele concluiu que, àquela altura, as invejadas condecorações já não importavam mais, como igualmente a guerra, após testemunhar o clímax do desvario humano, o descontrole total e a contagiante da oratória enganosa incitando a manifestação do ódio contra os judeus. Desabrochava nele um tímido despertar da consciência humanitária latente em todos os seres humanos. Os primeiros sinais da mudança se estabeleceram nos momentos cruciais durante os combates; e, firmados nos últimos dias de convivência com seus pais, em especial com o transformado *Klaus*. O orgulho exacerbado e quase imbatível e o desejo descabido de ser temido e odiado deixaram de exercer domínio sobre o jovem capitão que, inconscientemente, demonstrava maior acessibilidade aos agentes das Forças do Bem sobre a Terra, ou seja, dos espíritos benfeitores e trabalhadores da causa maior: a pacificação.

Se *Hitler* era um manipulador das massas e conhecedor das almas enfraquecidas pelos defeitos humanos, cuja habilidade fazia surgir nelas os sentimentos mais odiosos a fim de que executassem os seus propósitos destruidores, existia também uma energia salutar capaz de agir contra os referidos efeitos e de combater parte dos estragos causados pelo grande maestro da exterminação.

Sacudido pelas batidas na porta do quarto, deixou as lembranças perdidas no vazio de seu ser e levantou-se para aproveitar mais aquele dia ao lado dos seus pais.

Sem maiores mudanças no estado emocional daquele dia, o jovem despediu-se da família. *Gertrude* fitava-o com os olhos marejados pelas lágrimas amargas da despedida. O pai, embora controlando mais as emoções, deu um forte abraço de despedida em *Rud,* desejando retê-lo por mais tempo. Não havia previsão de volta, nenhuma menção do tempo que permaneceria na Polônia. O nó na garganta embargava as palavras, por isso, o pesado e dorido silêncio imperaram nos instantes finais que antecederam a partida.

Uma nova missão aguardava o capitão. O motorista que o conduziria até a base no centro de Berlim, onde se juntaria a outros oficiais que também seriam transferidos, aguardava-o em frente à porta de entrada.

Com os passos nem tão decididos quanto os de antes, *Rud* rumou até o jipe. Mais uma vez virou-se em direção aos pais que permaneciam no alto da escada e acenou antes de partir. Um vazio indefinível o invadiu naquele ínfimo instante, como se algo em seu íntimo lhe dissesse que não os veria mais. Nesse clima, ele se foi deixando para trás uma porção de si.

O pequeno grupo de oficiais da *SS* alcançou o portão do campo em Treblinka numa madrugada fria. Além do capitão *Rudolf*, outros militares foram transferidos: o sargento *Manfred*, o cabo *Ralf*, o cabo *Wolfgang* e o major *Peter*.

A primeira impressão do campo de concentração àquela hora não fora tão terrível, porque imperava o silêncio noturno, embora o ar pesado exalasse cheiro de carne queimada, denunciando exatamente os acontecimentos comuns daquele lugar.

Como era poliglota, *Rudolf* ficou responsável pela tradução de diversos documentos capturados dos Aliados, fato que lhe permitiu ter acesso a muitas informações secretas que, se reveladas, incriminariam qualquer homem. Mas durante o comando do ditador todas as insanidades cometidas em nome da supremacia alemã eram vistas como ato heroico, por mais desumanas que parecessem aos outros.

Revezando-se no trabalho administrativo dos dois campos de Treblinka, I e II, não demorou muito para adaptar-se à nova colocação, embora não revelasse o descontentamento com as realizações para a qual fora designado, e sem saber mais o que era pior: lutar no *front*; ou participar das execuções que ocorriam diariamente nas câmaras de gás instaladas no campo, contar os prisioneiros que chegavam diariamente ou conviver com tantos homens cruéis protegidos pela farda que lhes dava poder. Os oficiais de altas patentes eram ainda mais desprezíveis. Em seus históricos curriculares encontravam-se informações apavorantes a respeito de seus feitos e da experiência em outros locais por onde haviam passado. O comandante *Kurt* superava todos nas atrocidades cometidas contra os judeus, demonstrava sua crueldade com muita naturalidade, como se quisesse sufocar os seus recalques e a sua personalidade psicótica... Não fora difícil percebê-lo como um homem com muitas limitações sociais e emocionais, tendo como consequência o enfrentamento de vários problemas íntimos, familiares e financeiros. Comandava o campo de Treblinka com mãos de ferro e coração petrificado. Recebia todo o apoio de *Reich* e da cúpula demente, a mesma que o colocara no posto de primeiro comandante...

Rudolf sonhava com o fim daquela guerra sangrenta e torcia para que alguém bloqueasse as feras fardadas. No entanto, ele também fazia parte daquele grupo odioso, mesmo não desejando mais participar do complexo processo inventado pelo nazismo: exterminar para reconstruir. Esse era o lema oculto que embalava as piores psicoses do século XX na Europa e existiam apenas dois lados: o dos opressores e o dos oprimidos e *Rud* fazia parte do primeiro grupo, para um tardio desespero que se apossou dele e do qual nada podia fazer para se libertar. Os mais corajosos promoviam, vez por outra, ataques contra o *Hitler*, e para isso montaram um grupo contrário às ações do lunático, porém, todas caíam no fracasso. Por sorte, o grupo referido de oficiais descontentes nunca era descoberto e *Rud* chegou a participar de alguns dos ataques. Mas ocorreu a transferência de quase todos os integrantes dificultando as novas tentativas de eliminar o ditador.

Na realidade, nem todos sabiam, com exatidão, sobre as ocorrências em um campo de concentração e vendiam uma ideia mentirosa de que eles serviam para ressocializar todos os judeus e os inimigos do *Reich*. E apenas os que trabalhavam nos campos de extermínio podiam vislumbrar o diabólico plano contra os seres considerados inimigos da nação que desejava ser a futura detentora do mundo.

Treblinka foi criado em meados de 1941 como um campo de concentração de trabalhos forçados e recebera o nome de um vilarejo das proximidades. Situado a cerca de 100 quilômetros de Varsóvia, na Polônia, recebia inicialmente prisioneiros acusados de crimes pelos alemães. Um ano depois, ganhou um anexo, o novo campo chamado Treblinka II, e o primeiro passou a ser chamado de Treblinka I.

Diferente do outro, o segundo campo surgiu como campo de extermínio – mais uma etapa da afamada "Solução Final" idealizada pelo Terceiro *Reich*. Localizado a quase 2 quilômetros de Treblinka I, o anexo era a máquina assassina que exterminou milhares de judeus no maior sigilo e utilizava a mão de obra dos prisioneiros poloneses e judeus, muitos trazidos do Gueto de Varsóvia.

O campo era dividido em duas áreas, uma incluía a plataforma dos trens, as moradias para os comandantes, a administração, marcenarias e um espaço reservado para os "recém-chegados" e seus pertences. A outra área incluía o setor de exterminação propriamente dito, com as câmaras de gás, as covas abertas e os locais para a cremação, além dos barracos para os prisioneiros judeus. Os dois setores eram separados por uma cerca.

No segundo campo, os funcionários alemães e ucranianos eram responsáveis pela vigilância, a rígida e brutal disciplina e a operação das seis câmaras de gás. Mas alguns judeus também eram utilizados nessas funções e denominados *kapos*. Brutalizados pela fome e aterrorizados, realizavam as tarefas mais pesadas, ou seja, as mais terríveis. Eram eles que separavam as roupas e os objetos dos outros judeus desencarnados e tinham a obrigação de jogar os corpos nos fornos crematórios ou nas valas abertas. Muitas vezes, ao desempenharem tais tarefas, reconheciam parentes e amigos entre os cadáveres.

Essa era a rotina do campo e *Rudolf* fazia parte dela. Foi onde começou a perceber as reais condições dos capturados, porque Treblinka era uma verdadeira linha de produção da morte, eficiente, rápida e sem falhas. O mundo ocidental demorou a descobrir o que se passava nos campos de concentração durante a Segunda Guerra. As notícias e provas que chegavam por meio daqueles que arriscaram a vida para denunciar foram recebidas por poucos que não deram crédito ou, se acreditavam, nada faziam.

O segredo sobre os crimes cometidos em Treblinka continuava garantido pelas duas cercas de arame farpado, sendo que a interna era camuflada por árvores e plantas, justamente para encobrir as atividades macabras. Para reforçar essa farsa, a câmara de gás ostentava uma estrela de Davi e uma cortina, com os seguintes dizeres: *"Este é o portão pelo qual passam os justos"*.

Capítulo VI
A CHEGADA DE *HANNA*

O número dos comboios que trazia os judeus para o campo na Polônia todos os dias aumentou consideravelmente. Por esse motivo, *Rudolf* precisou se instalar definitivamente em Treblinka II, pois o deslocamento de um campo para o outro ficara inviável por causa da grande quantidade de prisioneiros que passava pela triagem logo na chegada, e, sendo essa uma das atividades do jovem capitão, este se fixou de vez no anexo construído para a chacina diária.

Um tanto desiludido com a nova função que considerava inútil para a sua capacidade comprovada e com os acontecimentos desumanos que testemunhava no circuito assassino, *Rud* cumpria maquinalmente as obrigações de cicerone dos aprisionados. Não perdia tempo em se ater aos detalhes e tampouco nas fisionomias macilentas com profundos vincos ósseos dos desventurados judeus que enchiam os vagões dos trens que atracavam na estação da morte. Terrível visão era a do desembarque daquele povo predestinado à má sorte. Eram enganados com a mentira de que estavam sendo transferidos para um lugar de reassentamento, no qual recomeçariam suas vidas dignamente. Iludidos com a promessa com dias mais amenos naquela dura guerra, os semitas enfrentavam o longo trajeto no congelante clima europeu; a fome; a sede e a falta de higiene nos vagões lacrados e superlotados dos trens que os conduziam empilhados como animais. Todo sofrimento e privações enfrentados; a separação dos familiares a qual, geralmente, ocorria horas antes do embarque; os problemas de saúde agravados pelas lamentáveis condições nos vagões imundos e infectados por vários tipos de moléstias formavam um quadro aterrador e definitivo para muitos passageiros que não conseguiam concluir a viagem e sucumbiam antes da última parada. No desembarque, eles se deparavam com a estrela de Davi e ouviam um discurso de um oficial da *SS* explicando-lhes que haviam chegado a um campo de trânsito. Em seguida, as mulheres e crianças eram separadas dos homens; os doentes eram também apartados, e os desencarnados, jogados em local afastado. Começava então o "macabro ritual" de conferir nome e número; corte de cabelo e o encaminhamento para as câmaras de gás. Era nesse momento que os guardas incentivavam as pessoas a escreverem para seus familiares – a correspondência seria posteriormente enviada, para reafirmar ao mundo ocidental a impressão de que o processo de transferência judaica não passava de um reassentamento. A mesma cena repetia-se em todos os campos de concentração após cada trem que chegava à estação.

Para *Rudolf*, a sua missão no campo anexo simbolizava a degradação da carreira militar tão sonhada quando criança, por isso, perturbava-se com os questionamentos constantes acerca do seu papel naquela guerra sem sentido. Aquele lugar, longe da família, assustava-o nas noites de insônia e de horrendos pesadelos. Sentia-se usado, imundo, sem direito à liberdade, via-se tão prisioneiro quanto os judeus que contava diariamente. Pior do que sentir-se preso naquele campo era, sem dúvida, a face da dura realidade que enfrentava a sua consciência acusadora. E, quando findasse a guerra, as vítimas, se sobrevivessem, estariam livres, embora destroçadas pela cruel experiência. Não obstante, os nazistas, verdadeiros verdugos, pagariam caro por todos os atos vis cometidos contara o semelhante. Talvez, por esse motivo, sabendo de antemão o que os aguardava, caso o mundo descobrisse as atividades assassinas do nazismo, era mantido tanto sigilo sobre toda a operação e a segmentação de suas etapas.

A indignação do capitão *Rudolf* aflorava com maior força a cada manhã, entretanto, naquela, mais um trem lotado com pessoas empilhadas umas às outras chegaria e nada poderia atrapalhar o bom andamento do trabalho. Por esse único motivo, comportou-se como um verdadeiro oficial nazista espantando a nuvem pesada que pairava em sua mente pelos crimes cometidos e testemunhados, cuja consciência atormentada o advertia severamente... Por sorte, no dia seguinte, ele retornaria para o Treblinka I onde ocuparia o antigo aposento, a antiga função administrativa e de tradução de documentos. Até segunda ordem do comandante *Kurt*, não teria mais que contar judeus na chegada dos trens. Tal notícia provocou-lhe certo alívio amenizando a repulsa que o acometera anteriormente. Um tanto mais aliviado seguiu rumo à estação para cumprir a pesarosa tarefa diária sem saber que nela estava inserida uma nova direção para o seu destino...

Era uma fria manhã, e o pesado casaco colocado por sobre a farda dos oficiais, destacando o símbolo da suástica, parecia insuficiente para protegê-los da baixa temperatura; os *kapos*, que eram identificados pela faixa preta fixada em uma das mangas do uniforme de prisioneiro, quase congelavam no frio das primeiras horas daquele dia; e, a Estrela de Davi, inerte, continuava presa e visível enfeitando a estação na intenção de iludir os recém-chegados. Tudo estava pronto, como em todas as vezes, desde quando se iniciou aquele cerimonial atroz.

Os judeus desembarcaram perfilados e silenciosos para o cumprimento do obrigatório protocolo de chegada. Com exceção do capitão *Rudolf*, que a custo, dissimulava os sentimentos de compaixão, ninguém mais demonstrava um sinal sequer de piedade por aquelas criaturas magras e com feições sofridas. O objetivo comum era o de controlar a multidão de pessoas a caminho do extermínio, uma triste e vergonhosa realidade.

O trabalho de organizá-los por sexo não havia findado, e muitas famílias iam sendo separadas momentos depois da chegada. As lágrimas contidas em conjunto com a expressão de temor no instante da separação ficavam disfarçadas por temerem represálias. *Rudolf*, mais suscetível a esses detalhes, pode percebê-los como seres semelhantes a qualquer outro no tocante a sentimentos.

Chegara o momento de escolher quais iriam para os alojamentos, para serem usados nos trabalhos de manutenção do campo e os que se dirigiriam diretamente para as câmaras de gás. Complicada empreitada para o jovem oficial já bastante abalado pelo remorso; contudo, ele seguia alguns dos *kapos* procurando ao longo da fila aqueles que seriam utilizados, enquanto aguentassem, nos serviços mais pesados. Outros oficiais separavam os mais velhos, os doentes e os mais revoltados para a sessão de extermínio que os esperava.

Uma cena chamou a atenção do capitão. Uma senhora altiva, embora chorosa, acompanhada de uma jovem que resplandecia luz pela beleza rara e expressão marcante, ambas abraçadas a um dos judeus de porte franzino entre os escolhidos para seguir direto para as câmaras. É obvio que elas não sabiam que a morte seria seu destino nos minutos seguintes, mas o pesar pelo surpreendente afastamento era evidente.

Condoído, *Rudolf* aproximou-se um pouco mais, enquanto os *kapos* corriam na dianteira para apartá-los definitivamente. A fila em marcha para a execução não podia ser interrompida com sentimentalismos tolos, segundo as ordens do comandante *Kurt*. O prometido recomeço de vida para os judeus passava a ser uma incógnita logo nos primeiros instantes.

— Pobres criaturas. Nem sabem o que o destino lhes reserva... — pensou *Rud* enquanto caminhava na direção do pequeno e resistente grupo familiar sem prestar muita atenção aos demais desventurados à sua volta.

Não entendia o porquê do súbito interesse naquelas pessoas. Parecia que uma força até então desconhecida guiava seus olhos na direção daquela triste judia amparada pela senhora igualmente consternada. A pele branca, os cabelos louros e os olhos azuis que mais pareciam dois pedaços do céu reluziam entre a multidão, cujo brilho provocado pelas lágrimas potencializava ainda mais a destacada beleza. Por um breve segundo, os olhares se cruzaram, tempo suficiente para o coração de *Rud* bater acelerado, as mãos aquecidas pelas grossas luvas quase congelaram e as vigorosas pernas bambearam subitamente. Um lampejo de consciência o fez reconhecê-la como a mulher amada que sempre esperou encontrar. Confuso pela emoção ao deparar-se com aquela linda mulher fez com que se desligasse da realidade brevemente. E, quando voltou a si, elas já caminhavam entre a multidão rumo às câmaras. Numa busca desesperada, tentou reencontrá-la rapidamente. Sem mais demora correu célere na direção da malta condenada. Não foi difícil reconhecê-la na multidão, pois parecia flutuar com seu andar elegante e harmônico, seus gestos delicados e sua presença marcante. Nem parecia que sofrera com a discriminação e o ódio alemão pelo longo período que antecedeu o deslocamento para o campo de concentração.

Indiferente a tudo e a todos, seguia guiado pelo desespero de impedir que sua eleita morresse asfixiada pelo gás venenoso. *Rud* se manteve no encalço dela até que a jovem avançou um pouco mais e misturou-se à população judia. Parou alguns metros à frente da misteriosa mulher que enfeitiçou seu coração. Percebeu a semelhança entre as duas que se mantinham abraçadas e mutuamente protegidas, logo notou que se tratava de mãe e filha. Os segundos seguintes figuraram-se eternos e, dominado pelo instinto investigativo, desejou descobrir todos os detalhes e segredos daquela que invadira sua vida, dominara sua alma e roubara seu coração. Seus olhos se cruzaram novamente, dessa vez por um período mais longo. Sem entender como, ele percebeu naqueles olhos de mulher, quase indecifráveis, que – por detrás da nuvem cinzenta e pesada que nublava profundamente o rosto angelical – tão impossível quanto deixar de notá-la seria livrar-se de amá-la e, pior de tudo, concluiu ser impossível viver sem ela.

Amor à primeira vista ou reencontro de Almas afins, não importava, visto que o destino os unia e os reunia ininterruptamente.

Num impulso, segurou-a pelos braços. Queria encontrar neles o número carimbado que a identificava, e nem se importou com o repentino temor que sua atitude causou-lhe. Na relação com os nomes dos judeus escrita nos papéis que trazia, procurava descobrir um pouco mais sobre ela. Mãos trêmulas e respiração ofegante, o jovem enamorado passava seus olhos sôfregos pelos milhares de números incluídos na lista até parar na numeração idêntica a da tatuagem – *Hanna Yochannan*, 19 anos, estudante universitária, nacionalidade alemã e filha de judeus residentes em Hamburgo – isso era tudo o que havia na ficha de identificação.

Ela, muito assustada, não entendia o modo de proceder do estranho oficial, barrando-a repentinamente, pois sua mente estava direcionada ao paradeiro do irmão *Yoseph*, separado delas sem nenhuma explicação.

Não ousou desvencilhar-se da forte mão do oficial com olhar penetrante. Certa inquietude tomou conta da bela judia ao toque daquele estranho homem que parecia devassar profundamente a sua Alma. Jamais se sentira tão milimetricamente invadida por alguém. Um incômodo indefinível, um misto de terror e contentamento incompreensíveis tomar-lhe de súbito, e *Hanna* lutava contra tais sensações, pois, a seu ver, não eram cabíveis naquele momento decisivo e ainda mais com um integrante da tropa nazista que perseguia seu povo.

Com certa cultura adquirida nos anos frequentando uma faculdade até ser impedida pelas novas regras do ditador, podia questionar a maneira como tratavam os semitas, revelando um preconceito invejoso e descabido. Estava segura das suas conjecturas e aprendeu a desprezar a suja ideologia de *Hitler* e a todos os que a seguiam cegamente, mas diante daquele belo alemão, cuja presença a perturbava por demais, ela não encontrava forças para resistir e manter-se firme a todos os conceitos preestabelecidos nos anos de sofrimento e repressão. Temia e desprezava tudo o que aquela farda com o símbolo da suástica representava para um povo pacífico e trabalhador como o seu. Mesmo assim, nada podia fazer para barrar a onda ora congelante, ora ardente que seu corpo inteiro experimentava ao sentir tanta proximidade.

O foco na separação delas e *Yoseph* fora totalmente perdido, e a jovem punia-se silenciosa. Buscou desesperadamente retomar o equilíbrio e focalizar a dura situação, porque sua mãe, *Martha Yochannan,* sofria visivelmente e a única questão que importava era descobrir como encontrá-los novamente.

Como aceitar a separação imposta logo na chegada se as juras de reconstrução de um novo modelo de vida pareciam claras? O único meio, no momento, seria perguntar para o desconhecido parado à sua frente.

– Por favor, senhor, pode me informar para qual alojamento foram conduzidas algumas pessoas? Percebemos que homens e mulheres foram separados em blocos, no entanto, meu irmão foi levado junto dos mais velhos e doentes.

– Cale a boca! Como ousas se dirigir a um oficial que só deseja protegê-la? – antecipando-se, o *kapo* que acompanhava *Rudolf* respondeu.

A um sinal do capitão, o ajudante calou-se. *Rud* ainda experimentava certo torpor pelo inesperado encontro e ouvir a doce e pausada voz de *Hanna* o sacudiu por completo. Precisava tomar uma decisão antes que ela tivesse o mesmo destino que o irmão reclamado. Nada poderia fazer para impedir que ele entrasse na câmara já preparada. Entretanto, urgia uma atitude para evitar que a linda judia também morresse. Sem pensar em uma resposta apropriada à pergunta tão pertinente, tomou uma decisão. Voltando-se para o *kapo* ordenou.

– Permaneça aqui e não se afaste da recém-chegada até a minha volta!

Depois do gesto submisso e positivo do acompanhante partiu decidido. Aquela deveria ser uma manhã de rotina e a derradeira para *Rud* no campo anexo, e tudo o que sonhava quando acordou horas antes era terminar os procedimentos na chegada dos "infelizes", esperar o entardecer e seguir para o outro campo, onde muitos documentos franceses recuperados esperavam por tradução. Todavia, transformou-se no dia mais divino e mais terrível da vida do jovem descrente com a guerra na qual lutava, porque aquela linda mulher, herdeira de um povo desprezado e odiado, o fez um dependente do amor almejado, um cativo da luz natural que dela resplandecia.

Rudolf embarcou numa desesperação sem-fim ao pressentir que *Hanna* teria pouco tempo de vida e com outros compatriotas seguiria para o cruel destino que lhes fora reservado. Outro dilema ainda mais torturante o feria profundamente. Sendo ela possuidora de rara beleza física, deixava-a à mercê dos olhares inescrupulosos dos outros oficiais ali presentes. E no afã de que seus atributos femininos poderiam saciar a volúpia reprimida dos solitários habitantes do campo de concentração, corria o risco de ser conduzida para o prostíbulo montado no primeiro campo, local para onde eram levadas as mais belas judias no intento de satisfazer os desejos mais vis dos militares. Algo precisava ser feito antes que tais suposições se concretizassem.

A cabeça do oficial girava sem parar. A ânsia de salvá-la e amá-la intensamente o fez abandonar o posto e sair feito louco alucinado à procura do seu superior, o comandante *Kurt*. Tinha pouquíssimo tempo para retirá-la da fila da morte ou das garras da promiscuidade. Por sorte, criara um bom relacionamento com o primeiro comandante do campo que estava ali presente naquela manhã. Avançou ligeiro pelo interior do galpão onde ficava a sala da direção geral do Treblinka II.

Tão logo findou a saudação a *Hitler* – cumprimento hierárquico comum na Segunda Guerra na Alemanha – *Rud* iniciou o diálogo.

– Senhor comandante, vim solicitar sua permissão para usar uma prisioneira judia, recém-chegada, nos trabalhos de limpeza da minha sala – reprimiu todas as emoções associadas à agonia de conquistar êxito no pedido.

– Essa prisioneira é uma judia jovem? – inquiriu *Kurt* com ar sarcástico acompanhados dos mais baixos pensamentos, e ao receber a afirmativa acrescentou – Faça bom proveito da infeliz, você tem minha permissão! – concluiu com um sorriso irônico imaginando as intenções inclusas naquele pedido.

O agradecimento pela autorização concedida foi imediato e, desprezando a maneira dissoluta do comandante, *Rud* despediu-se usando a saudação usual entre eles e partiu ligeiro ao encontro de *Hanna*. Queria trazê-la para junto de si antes que fosse tarde demais, por isso, andava a passos largos. Urgia em retirá-la da zona de perigo pois, somente sob sua proteção, ficaria segura naquele ambiente hostil e letífico.

Fazendo valer mais um dos direitos concernentes aos oficiais do exército de *Hitler*, ele usufruiria da presença diária da mulher que sacudira intensamente sua vida em questão de minutos, não para satisfazer suas necessidades físicas comuns a um homem solitário, mas para amá-la da forma mais sublime e completa que tal sentimento representa e possibilita a todas as criaturas. Diferente do ocorrido com os demais companheiros confinados naquele recinto, onde usavam os direitos dos quais as suas posições lhes possibilitavam na intenção de satisfazer suas taras doentias. Porque era um costume comum, durante o tempo que perdurou a guerra, escolherem as mais belas jovens semitas que chegavam aos campos de concentração para empregá-las nos serviços de limpeza e organização das salas que utilizavam, além de transformá-las em amantes por uma determinada temporada. Dessa forma, elas eram mantidas vivas e recebiam algumas regalias dos oficiais que serviam até serem substituídas por outra. O inverso do que acontecia com as outras confinadas no alojamento, onde a única refeição que faziam era uma espécie de mistura de batatas podres, ração, e restos de comida estragada dos militares.

Com tais pensamentos seguiu na direção de *Hanna*, enquanto desmedida aflição o invadia pelo simples fato de imaginar ser tarde demais para resgatá-la. Desesperador sofrimento era experimentado no curto percurso entre a sala do comandante e o pátio onde a multidão se aglomerava. Cruzou por entre parte dos prisioneiros e, atento, buscava avistá-la ainda aos cuidados do *kapo* por ele ordenado. Certo alívio permeou a aflição quase incontida, quando a distinguiu entre as jovens escolhidas para enriquecerem as noites de orgias dos oficiais no prostíbulo imundo.

Rudolf avançou na direção do sargento *Manfred Hoering*, responsável pela escolha e condução das selecionadas e, aproximando-se dele, falou ao seu ouvido:

— *Manfred*, eu recebi autorização do comandante para levar uma das judias desse grupo para servir-me em minha sala!

— Fique à vontade para escolher uma ou mais judias — sugeriu o sargento com ar de deboche.

— Já fiz a escolha — respondeu secamente sem dar espaço para maiores intimidades.

— Vá buscar sua pequena ou prefere que eu faça isso por você? — inquiriu o nazista sem escrúpulo — Sinceramente, fiquei curioso e gostaria de poder conferir o produto pessoalmente! — finalizou a ironia com tremenda gargalhada.

O impulso de enterrar um potente soco naquele homem sem caráter foi intenso, com o ódio quase indomável que o invadiu ao ouvir tão ferina observação. Foi preciso muito esforço para controlar a ira e agir com naturalidade diante da situação apresentada. *Hanna* tinha que sair dali intacta, então, utilizando-se do mesmo ardil, representou igual falta de escrúpulo e com um sorriso cheio de malícia respondeu.

— Prefiro eu mesmo conferir, você me entende, não é, sargento? — articulou a custo as palavras sem encará-lo, pois do contrário poria em prática a vontade de surrá-lo até vê-lo cuspindo os próprios dentes.

— É claro que entendo, capitão! — finalizou dando uma leve cotovelada no braço do colega sem perceber o esforço dele para se controlar.

— Até mais, *Manfred*! — despediu-se já indo ao encontro da amada.

O impasse foi controlado de maneira inteligente e o próximo passo seria retirar *Hanna* daquele lugar, já sem a companhia da mãe que, ao certo, fazia número com a multidão que seguiria para as câmaras de gás.

Linda e única lá estava ela, embora seu semblante revelasse os efeitos do transtorno e da solidão. O anseio de reverter à situação, devolvendo-lhe os entes queridos ao seu convívio, cresceu no coração do jovem capitão, mas a impossibilidade de realização era clara e o fim deles, evidente. O único caminho possível a seguir diante da triste realidade seria utilizar o poder que a posição de oficial nazista lhe competia, arrancando-a dali sem qualquer comentário. Assim foi feito. Mas precisou reprimir a vontade de envolvê-la em seus braços para eximi-la de todos os dissabores e infortúnios. Ansiava por sentir as batidas do triste coração feminino diante do cruel desfecho; segurar as suas delicadas mãos em sinal de esmero, agasalhá-la em seu peito como prova de permanente proteção; e, por fim, afagar carinhosamente sua cabeleira loura no intento de espantar toda a tristeza que a abatia visivelmente.

Sobrepujando as desconhecidas e novas emoções que lhe invadiam, procurou conter-se para encontrar condições de realizar o objetivo sem causar prejuízo no plano que lhe movia.

Hanna, cabisbaixa, nem notou a aproximação do misterioso homem que a desequilibrou grandemente. Somente quando ele se deteve à sua frente, sentiu tremendo arrepio, acelerando toda a corrente sanguínea e, em seguida, atacando cada fibra, nervo e músculo da frágil anatomia que lhe pertencia. Os olhares dos dois jovens se encontraram mais uma vez naquela ocasião e inexplicável sensação os dominou. Fora como se já se conhecessem desde épocas remotas, imemoráveis. Vasto ciclone, secreto e invisível, varreu todas as dúvidas existentes, e seus efeitos supostamente arrasadores os transportaram para um passado longínquo, onde suas almas entrelaçadas já se pertenciam.

Nos olhos de *Rud* lia-se a esperança perdida e ressurgida das cinzas dos tempos de perdição. Nos dela, carregado de muita dor, nublam-se de incertezas e temores, pois sua família para ali fora transferida a fim de refazerem suas desditas, mas o destino reservou-lhe duas surpresas: a separação dos membros de sua família e o encontro com o homem que mudaria para todo o sempre o restante de sua vida.

Para ambos, cada um à sua maneira, aquele dia representava um misto de contentamento pelo amor recuperado e o desprezo pelo que as ideologias e diferenças raciais representavam um para o outro.

Rudolf e *Hanna* estavam frente a frente. Impossível descrever os sentimentos que os embalavam naquele instante, o tempo poderia parar transformando-se em um eterno deslumbre mútuo, poderia até separá-los definitivamente, porque era categórica a certeza de que suas Almas estavam conectadas. No entanto, urgia a necessidade da recuperação íntima, antes que ambos perdessem a cabeça e se entregassem aos impulsos amorosos. Foi o capitão *Rudolf* quem primeiro se refez daquele estado comprometedor, sem perder mais um segundo, ele segurou *Hanna* pelos braços e dali eles partiram rapidamente.

Capítulo VII
A CONCRETIZAÇÃO DO AMOR

Antes de deixarem as dependências do campo anexo, *Hanna* ainda bastante confusa com o domínio daquele soldado nazista sobre o seu direito de liberdade, preocupava-se com o paradeiro da mãe e do irmão. Não os avistara mais e tampouco recebera qualquer notícia deles, por mais insignificante que pudesse parecer. Nada, um silêncio torturante e assustador, nem uma menção apenas.

Sentindo as condições favoráveis perante o belo homem que a dominava, arriscou a pergunta que a acalmaria.

– Senhor, há pouco lhe perguntei sobre o paradeiro de meu irmão *Yoseph* e não obtive nenhuma resposta. Agora, além dele, minha mãe também se perdeu na multidão, levada por outros oficiais. Se não for uma afronta, gostaria de ter notícias ou, quem sabe, até juntar-me a eles. Poderia satisfazer minha dúvida preenchendo a lacuna que tal mistério provocou em mim? – chorosa e com o coração acelerado, *Hanna* conseguiu findar o questionamento que tanto a incomodava.

Por sua vez, *Rudolf* ficou sem palavras. Um nó invisível, mas mordaz, apertava-lhe a garganta, enquanto o medo de contar-lhe a verdade quase o sufocava. Como dizer-lhe o que estava prestes a acontecer com a reduzida família de sua amada? Como contar-lhe o resultado real que o ódio alemão contra os judeus imputava-lhes? – pensava ele sob o olhar aflito e ansioso de *Hanna*. Decidiu por manter oculta a verdade naquele momento e talvez, mais tarde, quando se sentisse mais seguro, revelaria toda a imundície e atrocidade cometidas contra o seu povo. *Rudolf* contava com a possibilidade de que o seu amor suprisse a dor que a revelação causaria.

– No momento não tenho como dizer-lhe sobre o paradeiro deles, pois eu mesmo não sei! Mas prometo descobrir e juntá-los novamente. Agora, precisamos partir daqui. Acalme-se e confie em mim.

Hanna obedeceu e inexplicavelmente confiou naquele estranho que já amava. Não sabia nada sobre a vida do oficial, nem mesmo o seu nome, entretanto, sabia em seu íntimo que morreria por ele se preciso fosse.

Quais serão os caminhos e as facetas do amor? Para onde ele conduz? Que sentimento é esse, extraordinariamente dominante e indefinível, capaz de modificar tanto as pessoas apaixonadas?

O amor é o mais perfeito e destruidor dos sentimentos conforme a maneira com que o utilizamos.

Energia criadora, dinâmica e infindável. Luz e trevas; céu e abismo; vida e morte; acalanto e tortura; calmaria e tempestade, ou seja, uma dualidade constante das forças contrárias, cujo antagonismo permeia e completa incessantemente os seres.

Os enamorados experimentavam tais definições e estagiavam nesse terreno novo e fértil para ambos. Sem medo embarcavam nessa energia que os norteou desde sempre.

Alcançaram os domínios do outro campo ao entardecer. *Rudolf*, mais aliviado, pôde respirar, pois a jovem não permaneceu por muito tempo no segundo campo onde ocorriam os assassinatos em massa, nem teve os seus pertences saqueados como faziam com os demais condenados pelo nazismo, momentos depois do banho de água fria no inverno glacial da Europa. Esse era o ritual praticado contra as vítimas de guerra: os prisioneiros seguiam para câmaras de gás e morriam nus e enganados...

A jovem preservada da deprimente situação nem imaginava que sua família, naquelas primeiras horas da tarde, já estava morta e cremada; dividindo pequeno espaço numa vala coletiva no campo que ficara para trás.

Quando ultrapassaram o portão, ela demonstrava certa tranquilidade. A promessa de que se juntaria novamente com sua família a encheu de esperança, por isso, pôde observar com maior atenção o lugar para onde fora levada. Era parecido com o anterior, mas possuía menos barracões e um número bem reduzido de pessoas se comparado ao primeiro. A diferença mais acentuada por ela percebida foi a expressão fisionômica dos judeus avistados no amplo pátio. Alguns mal podiam caminhar e se arrastavam de um lado para o outro, sem deixar de executar as tarefas mais pesadas.

O árduo trabalho por eles executado realmente os levava a um esgotamento físico acentuado e visível. Os resultados se agravavam com as péssimas condições de vida oferecidas, além da paupérrima alimentação. Detalhes que a protagonista desconhecia.

Um sentimento piedoso, latente naquela alma patriota, abateu-a de imediato, pois eram pessoas de diversas faixas etárias que se assemelhavam a animais maltratados. E todas, sem exceção, denunciavam a tortuosa rotina daquele ambiente hostil, o que a fez acreditar que logo faria também parte daquela dura realidade. Antes mesmo que suas primeiras impressões se tornassem mais claras levando-a a tirar conclusões desagradáveis, *Rudolf* tomou-a pela mão e a conduziu para o interior de um dos alojamentos.

Repentinamente subtraída da visão desequilibrante, a jovem percebeu os sinais nela causados pelo toque daquele homem de quase dois metros de altura, bonito, porte vigoroso, louro e dono de lindos olhos verdes-escuros tais quais as águas profundas do oceano. A presença em conjunto com o aroma natural e a energia do jovem nazista provocaram certo nervosismo e temor em *Hanna*, sinalizando o alerta íntimo de que mudanças na vida de ambos se processariam sem demora. Um calafrio intenso dominou-a por completo. Sem condições de qualquer reação, a bela judia se deixou ser transportada pelas mãos gigantescas do belo condutor. Caminhavam silenciosos até que um grande corredor com várias salas surgiu diante deles. O entorpecimento causado pela proximidade dos corpos durante o trajeto invadira inteiramente o casal. Ele viajava em pensamentos esperançosos e embalado pela expectativa de amá-la sem reservas vislumbrando um futuro mais colorido e pacífico. Ela lutava contra todas as impressões antagônicas sentidas num mesmo dia, porque a dor da incerteza misturava-se com a surpresa por descobrir o amor da forma mais inusitada para o seu coração virginal.

O amor, sendo o rumo natural da vida, oferece caminhos diversos que a razão humana desconhece; todavia, somente esse sentimento detém habilidade para destruir todas as contendas existentes. Assim, em uma época em que as diferenças sociais e raciais transbordavam em cada canto daquele país, o amor desmontava as armadilhas ardilosamente arranjadas pelas forças maléficas contra seres despreparados espiritualmente, porque o amor entre *Hanna* e *Rud* não era apenas carnal, mas, sim, um sentimento secular que levou a mudanças radicais no comportamento de ambos perante a vida. Especialmente no jovem nazista, tais transformações foram altamente positivas dentro do quadro desolador que atravessava o continente europeu naquele tempo de destruição, pois suas mãos deixaram de verter o sangue de dezenas de encarnados em fase de sérios resgates, diminuindo assim o volume de débitos a serem resgatados no futuro.

As alterações provocadas em *Hanna* não tinham poder suficiente para fazê-la tirar da memória os instantes finais ao lado de seus familiares. E, entre a novidade do amor recém-surgido e a forçosa separação, seus pensamentos se alternavam rapidamente, conduzindo-a quase ao delírio, como se um redemoinho ora varresse as lembranças de

Yoseph e *Martha*, ora apagasse o admirável momento vivido como mulher. Só uma opção restava: confiar na promessa daquele estranho, cuja presença causava-lhe vertigens.

Não demorou a alcançarem o local destinado a dividirem suas vidas provisoriamente, conquanto, para ela, o curto trajeto atravessado figurou-se como um quase infinito deserto.

A porta fora aberta, e ele fez menção para que entrassem. Era uma sala improvisada de escritório anexada a um pequeno quarto e, por fim, o banheiro. A pouca mobília revelava praticidade às futuras tarefas que teria de executar dali por diante. Havia uma pequena mesa logo na entrada e, sobre ela, um telefone, papéis, alguns livros e manuais; uns passos mais à frente, encostada à parede de madeira, uma rústica escrivaninha com mais papéis e alguns envelopes contendo documentos. Separada por outra parede encontrava-se minúsculo dormitório com uma cama e alguns cabides que sustentavam as fardas trazidas por *Rud*; em um canto, um par de pesadas botas aguardava a volta do usuário; e a terceira porta dava para um banheiro de dimensões ainda menores que os cômodos restantes.

Hanna observava atenta cada detalhe que fazia parte da rotina militar, nesses itens se resumia quase tudo o que ele possuía para exercer seu cargo. Além da farda reserva e outras peças de vestuário, o capitão trouxe pequena maleta trancada a chave que fora colocada debaixo da cama. Mais tarde, a jovem descobriria que escondidos entre alguns objetos existiam uns documentos importantes para os projetos idealizados pelo grupo secreto que almejava derrubar *Hitler*. Tais planos, secretos e perigosos, eram indecifráveis aos leigos, pois o grupo usava códigos, diagramas e figuras aleatórias para não ser descoberto. Uma proteção cabível diante das verdadeiras intenções ali camufladas, porque, se descobertas, os levariam a ter um trágico fim.

Quieto, ele observava a amada conhecendo o novo ambiente. Porém, o sufocante silêncio teve fim quando o oficial aproximou-se mais.

– Chegamos ao nosso destino. O espaço é pequeno e não terá muito afazeres.

– Quando devo começar os meus trabalhos? – perguntou sem encará-lo.

– Mais tarde. Antes, gostaria de passar a você algumas instruções muito importantes.

Enquanto falava, *Rud* media cada gesto e movimento da bela judia que, bastante ansiosa, apertava os dedos contra a palma das mãos. Encantado pela beleza angelical, esforçava-se para se controlar e não lhe dar um longo beijo de amor. A entonação suave da voz escondia o oficial nazista preparado para tratar os reféns com rispidez e brutalidade. Rendido diante daquela mulher, traía a postura austera exigida pela posição que ocupava. O jovem se apaixonara, como nunca, e tudo o que sonhava era poder concretizar o amor que já o dominava completamente.

O que diriam os amigos fiéis ao *führer* ao vê-lo lânguido e manso diante da inimiga? E seus pais que, embora mais humanizados pelas dificuldades da guerra, jamais aceitariam a aliança do filho com uma semita.

As indagações borbulhavam na mente dele, porém nada tinha força suficiente para fazê-lo desistir de viver aquela paixão.

O amor é assim mesmo: surpreendente e inesperado; contagiante e divino, destruidor de todas as barreiras. Quando ele surge, não concede o direito de recusa ou de fuga.

– O senhor pode relacionar as instruções para que eu as cumpra! – o tratava com formalidade para encobrir o que verdadeiramente existia em seu coração.

– Você foi trazida para esse campo a fim de cuidar das minhas coisas e de tudo o que me diga respeito! Basicamente, o trabalho é leve, o que não lhe exigirá muito esforço físico.

– Não foi o que constatei logo que aqui chegamos – interrompeu-o citando as condições físicas bem abaladas de alguns judeus que trabalhavam naquele campo.

– Com você será diferente, porque é minha protegida, e tudo o que deve fazer é confiar em mim – assegurou *Rudolf.* E prosseguiu:

– É praxe utilizar alguns judeus para manter em ordem o campo, para que tudo funcione bem, exigem muito deles, eu sei. Sou contrário a essas práticas; por isso, tento me manter neutro quanto a elas. Tenho funções específicas para cumprir nesse campo e você encontrará diversos documentos em outras línguas e sou eu quem os traduz. Aconselho que não os manuseie por conter neles muitos dados confidenciais. Agindo conforme minhas indicações, tanto eu quanto você estaremos seguros. Fui claro?

Hanna assentiu com a cabeça. Dotada de astúcia, sabia que o melhor dentro das condições que se encontrava era obedecer. Mesmo tendo a curiosidade aguçada ao saber da existência de papéis tão comprometedores, não podia se envolver em assuntos sigilosos e, por incrível que parecesse a ela mesma, estava distante a intenção de prejudicar o estranho e belo homem que se intitulava como "seu protetor". Não sabia de onde vinha cumplicidade mútua que se revelava ali, quando, em muitos casos, são necessários anos de convivência para obtê-la. A impressão que tinha era de que a relação tão estreita existente entre eles, surgida em poucas horas, nascera num passado desconhecido para ambos.

O oficial continuou ditando todas as regras do campo e, segundo suas palavras, a ouvinte seria poupada de dividir com outras um espaço no alojamento feminino mantido em um dos galpões do Treblinka I. Para isso, usou o pretexto de ser mais prática e segura a permanência constante da moça naquele espaço onde ele trabalhava, fato que a deixou surpresa e temerosa. O que ficou encoberto foi a verdade de que almejava mantê-la ao lado dele o tempo todo, como também por serem insalubres os alojamentos destinados aos judeus. O capitão não teve coragem de expor as verdadeiras condições enfrentadas pelo povo de *Hanna* naquele lugar, e enquanto pudesse a manteria distante poupando-a dos sofrimentos. A vergonha de fazer parte das brutalidades cometidas contra os prisioneiros o fez tomar tal decisão. Não permitiria que sua amada enfrentasse a realidade, preferindo utilizar o direito de mantê-la em seu quarto, fazendo com que o comandante acreditasse que a usava como amante temporária.

— O senhor está me dizendo que dividiremos o mesmo espaço dia e noite? — inquiriu apontando para as dimensões que os abrigava.

— Sim! É a melhor solução para o momento — afirmou categórico e decidido, sem dar chance para qualquer menção de contrariedade. Não se preocupe, pois nenhum mal lhe acontecerá! Você se acomodará no quarto e eu me ajeitarei por aqui mesmo.

— Isso não está correto, senhor! Posso, perfeitamente, me arrumar junto com as mulheres no alojamento.

— Já está decidido e não se fala mais nisso! — ordenou. Em poucos dias estará adaptada e concordará com minha decisão! Agora, mudemos de assunto.

— Como queira, senhor! — não encontrando meios para removê-lo da ideia, ela se rendeu submissa.

— Aproveitaremos o restante da tarde para nos conhecermos. Quero saber um pouco mais sobre você e sua vida. Antes, porém, tenho um pedido a fazer-lhe — aguardou uns segundos e prosseguiu. Guarde o tratamento formal para quando estivermos em público ou quando receber visitas, no mais, chame-me pelo nome, e aproveitando o ensejo apresento-me: meu nome é *Rudolf von Günter*, tenho 26 anos e sou oficial da *SS*, como já sabe. Era um sonho de infância tornar-me militar como meu avô, e ingressei por esse caminho crente de que ajudaria a reconstruir a nossa pátria, que deveria ser para todos os alemães, porém, veio a guerra e eu não imaginava que tomaria proporções como as que vivemos. Hoje, cumpro meu papel sem a mesma fé inicial e todos os dias torço para que esse tormento tenha um fim nos possibilitando retomar nossas vidas de onde paramos.

– Desculpe-me a franqueza, senhor, ou melhor, *Rudolf*. Mas sabemos que nada mais será como antes, porque muitas mudanças já se operaram em nosso país. Basta ver o que se passa com o meu povo que teve a sua vida virada de pernas para o ar! – *Hanna* calou-se arrependida pela ousadia de mencionar tais fatos a um nazista que, por sinal, deveria confundi-la como uma pessoa alienada e sem condições de perceber o que ocorria à sua volta.

– Você está certa e sinto muito por isso. Saiba que, no início do conflito, nós, do exército de *Hitler*, acreditávamos que fazíamos o certo, exatamente o que esperavam de nós. É claro que muitos ainda pensam assim, não obstante, existem aqueles que já retiraram a pesada venda dos olhos e conseguem enxergar os absurdos vergonhosos cometidos em nome da "purificação da raça ariana". Grande bobagem, eu confesso.

– É estranho ouvir tais confissões de um dos seguidores do nazismo. No entanto, e nem sei o porquê, acredito nelas – confessou enchendo o coração do capitão de esperanças.

– Não imagina o quanto lhe sou grato pela sua compreensão – *Rudolf* sentiu que fora retirado um enorme peso dos ombros dele.

O enlevo tomara conta dos dois e do ambiente, a animosidade comum que deveria existir entre aqueles representantes de povos adversários não encontrava campo no espírito dos jovens apaixonados. Abriu-se uma ínfima fresta de luz no terreno de prováveis hostilidades mútuas, inundando de paz e de comunhão consagrada pela força fenomenal do amor e do bem sobre todo o planeta. Tratava-se apenas de dois filhos de Deus, dentre os milhões de vítimas do ódio, abertos ao entendimento; contudo, para as forças benéficas que compõem a orquestra do Divino, a semente do amor germinava protegida e segura. O florescimento seria certo. Talvez em tempos vindouros, pois, ali, naquele instante, a luta travada entre o bem e o mal prosseguia.

Cada mente que se volta para o caminho iluminado que Deus prepara para todas as criaturas torna-se uma vitória sem igual para todos os espíritos envolvidos em remover das trevas todos os Irmãos em desatino. Partindo do princípio espírita de que nada é por acaso e de que coincidências – no sentido entendido usualmente – não existem, o encontro dos jovens cumpria um planejamento reencarnatório com comprometimentos seriíssimos no pretérito de ambos. O risco da derrota era muito considerado perante a realidade que eles enfrentavam na jornada dolorosa, mas a luz da consciência cristã já se fazia presente.

O Treblinka I, naquele dia, não vivia um clima totalmente invasivo, porque as vibrações amorosas surgidas nos jovens corações amenizavam a hostilidade permanente que exalava dor e lamentos. A descoberta ia além das sensações, e o casal trocava informações e confidências como quem ultrapassava um campo minado com extremo cuidado, temendo ser atingido. Aos poucos, revelavam-se e devassavam a intimidade um do outro.

Como explicar o comportamento humano diante da existência de um sentimento tão puro nas piores adversidades da vida?

Rudolf falou tudo sobre sua vida, seus sonhos e, principalmente, sobre os seus temores. Portava-se como alguém em seu primeiro encontro de amor, e não deixaria de ser se ela não fosse um alvo dos nazistas. Para mantê-la em segurança, o jovem capitão seria capaz de qualquer sacrifício.

– Falei tudo sobre minha vida, agora é a sua vez – esboçou leve sorriso, como há muito não fazia, enchendo de luz seu belo rosto.

– Não tenho muito a falar. Minha vida sempre foi comum. Nasci e cresci em Berlim até que meu pai morreu, vítima de um enfarto fulminante, deixando-nos bem amparados financeiramente com os seus negócios no ramo da joalheria que prosperaram muito. Mas sua partida, além de nos deixar órfãos, abriu um vazio infinito em nossas almas. *Yoseph*, meu irmão, aprendera com papai o ofício de joalheiro, o que tornara mais fácil dar continuidade aos negócios da família. Mamãe, severamente atacada pela tristeza, levou-nos a procurar a ajuda do rabino *Abrhaam* que nos aconselhou a mudar de cidade por uns tempos. Assim fizemos. Mudamos para Hamburgo na intenção de recomeçar nossas vidas longe das lembranças que feriam e martirizavam mamãe. *Yoseph* deu prosseguimento à produção de joias e relógios. Eu ingressei na universidade, no curso de História, sonhava lecionar – emocionou-se com as recordações de seu recente passado. Cursava o quarto semestre do curso pretendido quando tomei o segundo golpe da vida: tanto eu quanto todos os judeus fomos impedidos de frequentar a faculdade, e meu sonho de ser professora fora adiado. Eram as primeiras medidas nazistas contra o nosso povo, iniciando acirrada perseguição que logo revelou sua terrível face. A guerra eclodiu e nossas vidas, com as inúmeras restrições ditadas por *Hitler* e seus seguidores, ficaram mais difíceis. Depois, veio outro engano: a confiança na falsa proteção alemã. E, crendo nela, nos mantivemos, mesmo depois de sermos capturados de dentro de nossa casa, como se fôssemos criminosos comuns. Nunca irei esquecer aquele domingo! – um longo e triste suspiro silenciou a suave voz por instantes. Mamãe, *Yoseph* e eu aguardávamos a chegada do rabino naquele dia, ele viria de Berlim para nos visitar. Antes que ele chegasse, fomos retirados à força depois de ver todos os nossos pertences serem saqueados. Levados para um departamento da *Gestapo*, fomos fichados e conduzidos à estação onde tomaríamos o trem que nos traria para a "Prometida Treblinka". Até o fim da linha, mais precisamente no momento da separação, eu ainda acreditava nas promessas ditas por um membro da *Gestapo*, minutos antes do embarque. Para nossa surpresa, encontramos o rabino na estação aguardando o mesmo trem. Segundo nos contou, ele também foi arrebatado uma quadra antes de chegar à nossa casa. Sem ter oportunidade para explicações, foi subtraído para ser conduzido ao mesmo destino que o nosso. O *"rabi" Abrhaam* foi impedido de avisar aos seus familiares sobre o seu novo e imposto paradeiro.

Rudolf ouvia calado o relato da jovem, ciente de que ela não exagerava na narração dos fatos, principalmente quanto aos atos truculentos que receberam dos integrantes da polícia política. Atento, ele observava o sobressalto que aquelas recordações provocavam na bela mulher, possuidora das mais lindas feições que já avistara totalmente transformadas a cada descrição. Teve ímpeto de abraçá-la e cobri-la de beijos, como se tal gesto varresse daquele coração sofrido todos os tristes apontamentos registrados na doce Alma. Preferiu abster-se de seguir seus impulsos e envergonhado apenas falou:

– Esqueçamos essa conversa. Já sei o suficiente sobre você!

Ela concordou e o foco da conversa foi desviado para assuntos mais banais, e no restante daquele dia permaneceram mais reservados, enquanto ambos exerciam suas obrigações.

Os primeiros dias transcorreram normais para os dois. *Hanna* executava suas funções e todas as ordens recebidas do jovem oficial nazista. Entretanto, o sentimento mágico que os conduzia para uma prevista explosão de juras e entregas era contido a grandes custos pelo casal. A cada hora que juntos dividiam, a certeza de que se amavam ganhava mais força e confiança.

Não demorou muito para o doce romper daquele amor prometido. Ele surgiu, tal qual um dia cheio de luz e movimento vencendo a escuridão da noite sem-fim.

Foi em uma noite fria, como muitas na Europa naquela época do ano. Horas antes de se recolherem, depois de um dia conturbado e cheio de atividades para Rud, a jovem judia passou a apresentar os primeiros sinais de um resfriado. Forte mal-estar se instalou na estrutura frágil de *Hanna* que, com extremo esforço, terminou seus deveres naquele dia. Prostrada, mal conseguia sustentar-se nas próprias pernas. A cabeça latejava e o corpo febril ora parecia queimar feito brasa acesa, ora tornava-se gelado feito um *iceberg*.

O apaixonado participava de uma reunião no campo anexo e manteve-se distante por muitas horas e, quando retornou ansioso por rever a amada, assustou-se grandemente ao deparar-se com a jovem tão abatida.

Quando ouviu o barulho da chave girando o tambor da fechadura, *Hanna*, num esforço hercúleo, quis deixar o leito, na tentativa de não demonstrar seu estado de saúde já abalado. O tentame foi desastroso, pois a jovem apresentava sinais claros de fraqueza, sendo apanhada de súbito por uma vertigem que a levou ao desfalecimento segundos depois.

Quando despertou, seu corpo estava nu e colado ao de *Rud*. Os dois dividiam o mesmo leito. Sem recordar o mal repentino que a acometera, tentou desvencilhar-se dos fortes braços do oficial que a enlaçavam completamente.

– Quando cheguei você ardia de febre e desmaiou ao tentar levantar-se. Constatei a alta temperatura e nem pensei direito, retirei sua roupa e a levei para um banho morno. Foi a única providência que me veio à cabeça no momento – *Rud* justificava o fato de ela estar despida em seus braços. Não se esforce e descanse, deixe que eu cuide de você! – disse com muita suavidade.

– Já me sinto bem melhor, obrigada! – respondeu entre envergonhada e agradecida.

Ele encostou sua mão na fronte a fim de verificar mais uma vez a temperatura do corpo antes febril e constatou que a temperatura havia se normalizado. Mais aliviado suspirou, enquanto ela sorria com gratidão.

A proximidade dos corpos; o silêncio imperava no ambiente; a respiração de ambos era ofegante; as bocas sedentas de paixão se procuravam. O primeiro beijo aconteceu longo e sôfrego. As carícias trocadas e o desejo explodindo. A procura, a entrega calma e o amor realizado.

A aurora desvirginava o céu noturno. *Rud* e Hanna ainda se amavam. Mais um dia nasceria, porém diferente de todos, pois eles não estavam mais sozinhos...

A única frase que se ouvia entre aquelas quatro paredes selava para sempre o reencontro das duas Almas que se completavam...

– *Hanna*, eu amo muito você!

– Eu também o amei desde o primeiro segundo e o amarei para a vida toda, *Rudolf*!

– E eu além dela!

Capítulo VIII
ENTRE O CÉU E O INFERNO

Três semanas escoaram-se no mesmo clima romântico. O tempo passava rapidamente para os novos apaixonados que não economizavam nos carinhos e nas noites de amor. Como o combinado, a paixão era contida em público evitando inesperados aborrecimentos. Assim, perante a equipe de oficiais, *Hanna* era usada por *Rud* apenas.

    O campo de concentração estava sob a responsabilidade de *Kristof Kochhan*, segundo comandante, recém-transferido de outro campo existente na Alemanha. Um homem forte e decidido, porém, mais maleável do que o temido *Kurt*, o primeiro comandante, que ausente passava dias no campo anexo. O local vivia dias decisivos, porém tenebrosos para posterioridade, com o grande número de prisioneiros que sucumbiam todos os dias nas câmaras de gás.

    As tropas nazistas começavam a sofrer baixas cotidianas, desde o confronto com os russos – o exército vermelho –, nos primeiros dias daquele ano. Havia certa agitação na cúpula do *Reich* com as notícias nada animadoras nos relatórios produzidos pelos espiões. *Rudolf* andava atribulado com o desfecho daquela guerra, mais ainda com o destino de sua amada. Sem vislumbrar outra saída, planejava um meio de retirá-la de Treblinka, sã e salva. O companheiro mais confiável do *Reich*, *Drauus Weber*, integrante do grupo contrário à ideologia hitlerista lhe garantira ajuda durante o rápido encontro quando ali esteve para transferir alguns prisioneiros. Enquanto planejavam o que fazer, o oficial buscava nos braços de *Hanna* viver densamente cada segundo do amor verdadeiro que sentia.

Para o casal existia apenas o hoje, porque, dentro daquele quadro aterrador, não havia probabilidades de enxergar um futuro certo. Cada momento juntos era único e exclusivo, sobretudo para ele, que se distendia em cuidados para não deixar a amada perceber a carnificina que sucedia próximo deles. Ela, apesar de completamente entregue ao amor surgido de forma tão inesperada, não esquecia um só dia da família desfeita no mesmo palco em que encontrou o homem de sua vida. Todavia, a confiança na promessa feita por ele de que todos se juntariam novamente deixava-a mais serena, pois, para a paz do capitão, *Hanna* não avaliava o verdadeiro objetivo da chegada diária de tantos judeus no campo anexo. Mesmo sendo uma mulher inteligente e atualizada quanto aos acontecimentos do seu país e do mundo, o confinamento a impossibilitava de conhecer a realidade do que ocorria ao seu redor.

Com poder hipnótico e caráter maligno, o ditador brincava com o destino e suprimia a capacidade de percepção de milhões. Sua habilidade em persuadir as pessoas a agirem segundo a sua vontade era um banquete farto para as forças malignas que se utilizavam do fácil acesso que a mente tresloucada de *Adolf Hitler* permitia, e que, associada a outras mentes manipuláveis, fizeram com que o período da Segunda Guerra Mundial se tornasse um dos mais tristes da História Moderna. Superando o da Inquisição com relação ao número de desencarnações.

O temor por serem descobertos surgiu logo após as primeiras derrotas sofridas pelo exército nazista e a única maneira de proteger-se do contra-ataque começava a ser estudada pelos mentores da chacina e eliminar as provas seria o passo seguinte a ser executado. A par de toda essa dinâmica, *Rudolf* também passou a providenciar a remoção de *Hanna* daquele lugar maldito. Em seus planos, desejava retirá-la o mais rápido possível do campo e colocá-la em lugar seguro para, em um futuro próximo, os dois poderem se reencontrar e assim viver o amor em toda a sua plenitude. Noites e dias seguidos levaram o jovem nazista a arquitetar secretamente um plano de fuga para a amada. Seria o único caminho a ser seguido, porém, por mais que planejasse, faltavam-lhe meios para chegar ao êxito.

Foi num estalo, como ele acreditava, que surgiu a ideia de pedir auxílio à tia *Bertha*. Somente ela poderia mantê-la em segurança durante o período que precisariam ficar separados. Entretanto, a sugestão que *Rudolf* recebera não fora obra do acaso, mas, sim, do esforço dos Amigos Espirituais, que lutavam incessantemente para salvar todos os envolvidos com merecimentos adquiridos perante a lei de causa e efeito, e *Hanna* era uma delas.

Mas como abordaria a jovem sobre o sério assunto? – pensava ele.

Uma delicada situação instalou-se sobre eles, com riscos incalculáveis, porque necessitaria abrir o coração e contar-lhe a verdade ou parte dela. *Rud* avançava em direção à sua sala sem conseguir meios para disfarçar a aflição que o dominava a cada passo. Vivia um momento decisivo em sua vida, em contrapartida, a mais intensa felicidade ao lado de sua eleita. Os caminhos tomados pela guerra nublavam as previsões mais otimistas, e ele não podia cruzar os braços e conformar-se com os resultados que seu coração prenunciava. Não pensaria um só segundo para impedir qualquer sofrimento àquela que professara proteção absoluta. Assim, omitiria os pormenores que a levaria a retirar o véu protetor de certas verdades a respeito das atividades em Treblinka, que por fim a arrastariam às cabíveis conclusões sobre o verdadeiro destino do irmão e da mãe.

Como quem deseja retirar um enorme peso dos ombros, acusador terrível da sua consciência, *Rudolf* suspirou profundamente antes de abrir a porta e se deparar com a amada. Com certeza ela o aguardava, alheia à nuvem negra que os rondava e impossibilitada de captar as mudanças que estavam para ocorrer.

Ao avistá-lo sorriu com os olhos brilhando pela alegria de sua chegada. Comovente recepção que o fez, por breves momentos, esquecer a responsabilidade que nele pesava durante os últimos dias. E num abraço apaixonado seguido de muitos beijos, ambos, mais uma vez, se entregaram às necessidades afetivas, cuja química os fundia, misturando-os na mais profunda entrega.

O tempo deveria parar mantendo os apaixonados naquele fascínio contagiante e durador, sem dar lugar aos dilemas que a vida impõe a todos os seres humanos. No entanto, para todos, os momentos bons ou ruins, alternam-se numa dinâmica feroz sem possibilitar qualquer retrocesso, porque para cada decisão existe uma renúncia e *Rud* deveria abdicar da suave companhia. Esse era o preço que deveria pagar para vê-la viva. E, por mais que sua alma sangrasse com a separação providencial, encontraria forças para continuar sem ela, contando com a sorte de reencontrá-la brevemente.

Embalado pela magia que a proximidade da bela semita causava-lhe, o capitão tomou coragem para colocá-la a par de seus planos. Os dois dividiam o leito depois da explosão de desejos. Então, segurou a delicada mão de *Hanna*, fixou seus olhos nos dela e falou.

— Preciso ter uma conversa com você, meu amor!

— Aconteceu alguma coisa, *Rud*? – preocupou-se com o tom de voz empregado por ele.

— Ainda não. Mas não sei daqui para a frente. Não me arrisco a dar garantias de um futuro para você, enquanto estiver nesse lugar – o capitão buscava as palavras mais brandas que amainassem a angústia daquele momento. Estamos atravessando um período muito complicado aqui no campo e por toda a Alemanha. Talvez, os resultados da guerra não sejam o que esperávamos pouco tempo atrás, por isso... – uma pausa para explicar a situação sem revelar as mortes em massa. Precisaria mentir para poupá-la. Estão transferindo os judeus para outros lugares. Como você também é uma judia, eu temo que a levem para longe de mim, da mesma forma que estão fazendo com os outros.

Hanna sentou-se rapidamente no leito, posicionando-se de frente para seu interlocutor. Um medo indecifrável a dominou pelo rumo daquela conversa, densa nuvem pairava no ar e *Rud* esforçava-se para dissipá-la, embora, o seu semblante sombrio anunciava uma grande ameaça à espreita.

– Você está tentando me dizer alguma coisa, mas enfrenta dificuldades! Fala de um novo remanejamento de pessoas; de momento difícil. Enfim, levanta a possibilidade de a guerra nos separar. Por favor, *Rud*, diga o que está havendo para que eu possa ajudá-lo?

– Eu perdi a paz nesses últimos dias. Tem sido quase impossível aceitar que a nossa rotina vai mudar – falava com a voz embargada. Um forte apego surgiu desde que a conheci, o que me faz sofrer muito por saber que teremos que ficar separados por um espaço de tempo indefinido. Você terá que deixar o campo o mais depressa possível, e o pior é que deverá ser em fuga. Tenho planejado isso há dias e só hoje percebi o quanto será duro ficar longe do seu afeto, dos seus carinhos e da sua presença que me trouxe esperança na vida, meu amor! – ele a abraçou fortemente e os dois, juntos choraram pela tristeza da nova realidade.

— E tem que ser assim, meu querido? – perguntou assustada com a decisão de *Rud* em subtraí-la da sua vida por causa do maldito conflito que só trazia perdas para a sua vida, sem contar com a oculta destruição da família *Yochannan*, causada pelo gás mortal das camufladas câmaras do campo anexo.

— Não temos outra saída! Para que possamos viver nosso amor sem sofrer perseguições precisaremos nos sacrificar agora, pois, se aqui ficar, você correrá riscos.

— Que tipo de risco?

— Todos. Estamos em guerra e isso já basta. Eu sou um oficial e desfruto de certas regalias. Mas você, por mais que a proteja com o meu amor, não será o suficiente para mantê-la em segurança. E eu morreria se algum mal a atingisse sem nada fazer para evitar. Por isso, tenho o dever de agir a seu favor. Peço seu apoio e lhe juro que o afastamento será por pouco tempo. Irei encontrá-la logo. Confie em mim, por favor, minha *Hanna*... – suplicava.

— Eu sempre confiarei em você! Mas para onde serei levada? Quem me levará? E mamãe e *Yoseph* irão comigo? – eram muitas dúvidas surgidas repentinamente.

— Acalme-se. Já tenho tudo planejado. Você irá para Hamburgo e ficará sob os cuidados de minha tia *Bertha*. Levará uma carta que escreverei explicando tudo a ela. Não se preocupe, porque ficará bem na companhia de titia, e tenho certeza de que se entenderão. Quando a conhecer compreenderá o porquê a deixei sob a responsabilidade dela. Irei ao seu encontro logo que a situação do *Reich* se normalizar – pausou a explicação por instante. Quanto à sua mãe e a seu irmão, eu sinto muito, mas não irão com você! Recebi notícias, de fontes seguras, de que os dois foram transferidos, há três dias, para outro campo na Alemanha. Não me esqueci da promessa que lhe fiz de juntá-los novamente. Então, tenha um pouco mais de paciência, é uma questão de tempo... – mais uma vez o capitão mentiu sobre a morte de *Martha* e de *Yoseph*. E por isso sentia-se imundo, indigno da confiança da mulher amada. Mas como contar a verdade naquele clima tão difícil. Certamente surgiriam outras chances de falar a verdade.

– Eu terei paciência, meu amor! Sentirei tanto a sua falta, como sinto a deles – confessou ela secando as lágrimas que insistiam em cair.

O capitão, possuidor de uma fortaleza íntima que não o deixava se abalar por quase nada e acostumado a viver no extremo das situações mais adversas, também lamentou abraçado à sua amada.

O destino do casal estava selado. A separação era certa, e o sofrimento já fazia estragos nos jovens corações, sem deixar que a entrega ao amor, naquela noite, fosse completa e verdadeira.

Hanna adormeceu horas mais tarde, enquanto *Rudolf* debatia-se com as mudanças impostas pelos ideais nazistas. A maior angústia para ele era a de não ter a noção do quanto seria insuportável ficar longe de sua mulher. Ficou a observá-la dormindo, aninhada em seus braços. Acariciou os longos cabelos e a pele sedosa, apesar do pouco cuidado; beijou-a por várias vezes consecutivas. As lágrimas eram contidas a muito custo. Gigantesca dor pesou em sua alma aflita.

O sono o abandonara e a solidão figurava como um prenúncio do amargo pesadelo que viveria.

Desvencilhou-se de sua amada, sentou-se à mesa e com profunda tristeza escreveu uma longa carta para sua tia *Bertha*.

Capítulo IX
O TRISTE ADEUS

Quando o oficial tomou conhecimento de que usariam a transferência de alguns judeus aproveitou a oportunidade para pôr em prática o plano de fuga. Procurou o amigo *Draaus*, que era o responsável pela remoção, para fazer o mais importante pedido: incluir a amada na lista daqueles que seriam transferidos.

Draaus ajudou na inclusão de *Hanna* no plano de fuga de alguns judeus, marcado para aqueles dias. Eles se conheciam desde os tempos de escola em Berlim, mas a amizade se solidificou durante os primeiros combates no *front*. A cumplicidade e confiança foram sendo moldadas com o ingresso de ambos no grupo contrário ao nazismo, porém, foram afastados depois da transferência de *Rudolf* para Treblinka, embora tenha sido mantida a mesma disposição de contrariar as sandices impostas pelo exército alemão. A fuga que planejavam, apesar de arriscada, surgiu como o único meio de compensação por tantas mortes e maldades praticadas contra os perseguidos.

A noite foi longa e serviu para finalizar os detalhes do plano de fuga elaborado com a ajuda de seu amigo *Drauus*.

Na carta redigida para a tia, depositara todo o pesar que habitava em seu sofrido coração e toda a esperança no futuro de sua amada. Por isso deu ênfase ao pedido de amparo para *Hanna*. No término da redação, dobrou-a sem revisar, porque temia faltar coragem de enviá-la à destinatária, cuja bravura salvaguardava muitas vítimas ameaçadas.

Hanna fazia parte de uma reduzida lista de prisioneiros cuidadosamente escolhidos para a evasão que se daria dentro de poucos dias. Eles seriam retirados do campo anexo como se fosse uma transferência comum e, a certa distância do trajeto, se dispersariam e somente a protegida de *Rudolf*, vestindo um uniforme nazista, seguiria com *Draaus* até Hamburgo para ser entregue aos cuidados da destemida mulher que ousava enfrentar o exército do horror.

Estava tudo pronto e não poderia haver falhas. Pois, mesmo tendo êxito, o destino dos oficiais envolvidos seria pouco animador. *Rudolf* tinha plena consciência das consequências que sofreria e correria o risco sem hesitar um segundo. Porque ele presumia em um fim próximo daquela carnificina com um desfecho humilhante para os oficiais nazistas. Sendo assim, havia um destino incerto para os rumos do tão inesperado amor. Pairava em sua Alma a sombra de uma separação que não seria temporária: pela morte por traição ou nas mãos das forças aliadas. Mas, de qualquer maneira, seu íntimo vibrava pela possibilidade de libertar a mulher que despertou nele sentimentos tão profundos e inimagináveis. Retirá-la dali resultava em preservá-la da câmara de gás que, como judia, seria seu fim mais cedo ou mais tarde.

O dia amanhecia e o jovem não se cansava de repassar todo o plano a fim de adquirir maior confiança no cumprimento do objetivo principal dos participantes: salvar os poucos semitas escolhidos, como um meio de aliviar a própria culpa pela morte de tantos infelizes. Talvez não fosse o suficiente, entretanto, era tudo o que podiam realizar naquele momento. Não obstante, dentre aquelas vidas a serem salvas, contava a mais importante para ele.

Relembrava dos poucos, mas intensos instantes passados na companhia de *Hanna* e viu o quanto foi feliz, como nunca havia sido em toda a sua vida.

De onde se encontrava, podia observá-la adormecida, e, por vários minutos, ficou a contemplá-la, como quisesse gravar aquela doce imagem para sempre. Sentiu imensurável desconforto, um aperto no peito por saber que não demoraria a perder o privilégio de assistir tal cena, comum a todos os casais que se amam e dividem suas vidas. Aquele era um direito que não lhes cabia, por culpa da ignorante ilusão a que estava submetida à raça ariana, completamente cega pelo orgulho e preconceito causadores de grandes transformações por toda a Europa; ceifando muito mais do que vidas propriamente ditas, pois destruía sonhos, interrompia trajetórias, mobilizava vontades e aniquilava possibilidades. Porém, todo mal aplicado tem seus reveses, e como um feitiço poderoso de resultado amargo, fez dentre muitas uma vítima inesperada: um forte e poderoso alemão que, em vez de se orgulhar, se envergonhava da suástica estampada em sua farda. Prejudicial realidade pela qual *Rud* e *Hanna* necessitavam atravessar.

A jovem semita parecia despertar. Tateou o leito, ainda sonolenta, à procura dele e, não o encontrando, abriu os olhos assustada. Nesse instante, *Rudolf* seguiu na direção dela se esforçando para não demonstrar os sinais da noite de insônia, mas fora em vão, porque a sua fisionomia denunciava a noite de vigília.

– Você passou a noite em claro? – questionou ao vê-lo se aproximando.

– Bom dia! Dormi bem pouco. Aproveitei para finalizar os pontos que faltavam no plano de fuga.

– Essa fuga me dá calafrios. Será muito perigoso se arriscar tanto! Temo por nós, principalmente por você! – falou abraçando-o fortemente. Eu não quero partir. Deixe-me ficar ao seu lado, por favor! – suplicou.

– Ficaremos juntos em breve e será para sempre. Se houvesse um meio de mantê-la aqui, eu não a mandaria para longe de mim. Diante dos acontecimentos, não tenho dúvidas de que será levada para outro local, como está sucedendo com os demais judeus, por mim desconhecido, e eu não permitirei que isso aconteça. Por isso, a urgência da fuga que montamos com extremo cuidado. Dará tudo certo. Você ficará em segurança e nada acontecerá comigo. Fique sossegada.

Dava garantias sem nem mesmo acreditar nelas. Ele sabia da grande ameaça que corria por ajudar alguns judeus a fugir de Treblinka, e como não corrê-la? O intento se daria de qualquer forma. Seriam poucos judeus beneficiados e *Hanna* foi incluída de última hora, fazendo valer todo o empenho para o sucesso da empreitada arriscada, porque se permanecesse no campo de concentração, pouco ou quase nada poderia fazer a seu favor. Somente uma certeza o norteava naqueles instantes decisivos: abriria mão da doce presença em seus amargurados dias enfrentados na guerra, para vê-la livre do destino terrível que *Hitler* traçara para o povo judeu. Uma vida não bastaria para demonstrar a imensidão do amor que sentia por ela e, se mil vidas tivesse, as daria todas se preciso fosse.

Para *Rudolf*, ela significava tudo e representava o absoluto, o eterno. Era como se a amada fosse o brilho de cada estrela no firmamento e ele, o vácuo existente entre elas. Sem *Hanna*, nada seria e, por isso, arriscava-se na visualização de um porvir incerto, agarrando-se à esperança de reencontrá-la novamente.

— Entendo sua preocupação e me sinto muito honrada por tamanho amor que seu coração nutre por mim. A recíproca é verdadeira. Nunca, nem mesmo durante a minha infância, quando eu sonhava com o "príncipe encantado", pude mensurar a força do sentimento que lhe tenho, e se não fosse à realidade cruel que vivemos em nosso país, faria de você o homem mais feliz do mundo!

Rudolf interrompeu-a para uma confissão.

— Você já me faz o homem mais feliz...

— Tenho ímpetos de desconsiderar seus cuidados e ficar aqui para enfrentar todas as dificuldades.

— Infelizmente, isso não é possível! O único caminho

é a fuga. Sei o que digo, acredite. Muitos judeus já foram removidos e não sei qual foi o rumo que tomaram. Se isso acontecer com você, eu enlouquecerei com certeza!

— Provavelmente, foi o que ocorreu com mamãe e *Yoseph* — acrescentou *Hanna* entre lágrimas.

— Provavelmente. Mas eu descobrirei o paradeiro deles e os trarei de volta para o seu convívio... — sustentava a mentira para não aumentar o sofrimento de *Hanna*, embora a consciência acusadora lhe ordenasse a falar a verdade. Deixemos para sofrer no momento certo e aproveitemos o tempo que nos resta juntos — finalizou beijando-a apaixonadamente.

O tempo que restava para o casal extinguia-se, implacável e indiferente. Entre planos e despedidas, juras e pactos lutavam para manter a esperança viva. A hora do adeus aproximava-se.

Draaus, incumbido de levá-la em segurança, chegara ao campo anexo nas primeiras horas e, antes que o próximo dia seguinte rompesse trazendo um penoso vazio, *Hanna* já estaria longe. Com o amigo, veio acompanhando um jovem judeu escolhido para a função de *kapo*; além da nova resolução, por escrito, do *Reich* colocando o primeiro comandante ciente da urgência em eliminar o maior número possível de prisioneiros. Era exatamente o que aguardavam para pôr o plano de fuga em prática e, assim, usariam a ordem como desculpas na transferência dos judeus escolhidos.

O Universo parecia conspirar a favor da remoção do ínfimo grupo, e a sobrevivência dependeria de cada um deles quando alcançassem a liberdade premiada. Apenas

Hanna seguiria adiante, por isso, nenhum detalhe anteriormente delineado poderia falhar.

Na tarde daquele mesmo dia, enquanto *Draaus*, seguido do *kapo*, se apresentava a *Kristof*, segundo comandante do Treblinka I, *Rudolf* e a amada faziam os últimos acertos. O clima era de pesar. O silêncio, angustiante. O casal aguardava o momento com imensa consternação.

Hanna precisaria parecer-se com um homem, por isso os longos cabelos dela foram cortados por *Rud* que, cuidadosamente, os guardou como uma lembrança viva da mulher amada e de tudo que viveram no breve período da adiada paixão. Sem coragem de raspá-los, preferiu deixá-los bem curtos.

Manter as cabeças dos judeus raspadas era uma prática comum em todos os campos de concentração evitando a infestação de piolhos. No entanto, os cabelos das judias escolhidas pelos oficiais como amantes eram mantidos, conservando a graça e a beleza femininas, atributos escandalosamente explorados pelos solitários homens de *Hitler*.

Ela chorava abraçada ao amado quando alguém batera na porta. Pelos cinco toques consecutivos e espaçados de mais cinco contínuos, *Rud* reconheceu como sendo *Draaus*. Suspirou pesadamente antes de atender. O cumprimento nazista fora mantido.

– Como vai, capitão *Rudolf Günter?* – perguntou *Draaus* de maneira formal.

– Bem, na medida do possível. Aguardando as novas orientações do *Reich* com ansiedade – a resposta saiu seguida de uma piscadela disfarçada.

— Já eram aguardadas as novidades que trago hoje. Os comandantes, *Kurt* e *Kristof* deram o aval para a execução delas – a explicação superficial para os leigos se enquadrava dentro do planejado.

— Não vamos ficar parados à porta. Entrem, por favor! – convidou *Rud*. E, olhando na direção do jovem, perguntou por ignorar a sua presença ali naquele dia. Não vai me apresentar o novato?

— Ah, sim, desculpe-me. *Adhan*, o *kapo* que me auxiliará na remoção dos judeus.

Rudolf o cumprimentou com um aceno e em seguida todos se acomodaram para uma conversa. *Hanna*, orientada anteriormente, permaneceu afastada do grupo. Três quartos de hora depois se despediram com a promessa do reencontro mais tarde. Antes de deixar a sala, *Draaus* entregou um embrulho para o amigo.

— Atendendo a seu pedido, mandaram outra farda para você!

Com um sorriso maroto do amigo, recebeu o embrulho conhecendo a verdadeira utilidade do novo uniforme nazista.

A presença do jovem *Adhan* era novidade para o capitão *Rudolf* que, intrigado, chamou o amigo a um canto antes que ele deixasse o ambiente.

— *Draaus*, por qual motivo você trouxe um *kapo* que, seguindo as lembranças do nosso plano, não estava incluindo.

— Sim, é verdade. Não encontrei meios de avisá-lo com antecedência e, realmente, a inclusão de *Adhan* se deu de última hora. Ele é um judeu confiável e auxilia o nosso grupo nos assuntos mais arriscados, se é que você me entende. *Draaus* referia-se às ações do grupo contrário aos ideais nazistas. Encontra-se nesse campo o pai de *Adhan*, o médico judeu que está sendo aproveitado na marcenaria. Ele também está entre aqueles que levaremos daqui nessa noite. *Adhan* fez questão de estar presente no evento, e um conselho de última hora fora instalado para resolver a questão. Não havendo tempo hábil para convocá-lo, decidimos nós outros. Eu iria contar-lhe, mas você se antecipou.

Esclarecimentos aceitos, *Rudolf* ficou aliviado e até agradecido pela consideração depositada em alguém que auxiliava o grupo de oficial nas arriscadas tarefas que promoviam secretamente, como a que ocorreria em Treblinka nos primeiros minutos da madrugada seguinte.

O difícil instante da despedida chegara e os jovens apaixonados pareciam estáticos diante da concretização do afastamento. *Hanna* fugiria do campo e do risco de desencarnar como os demais cativos.

Trajando o uniforme nazista, *Hanna* realmente parecia mais um oficial do *Reich*. Tudo estava pronto e o pequeno comboio partiria após a liberação do portão principal.

O jovem casal ainda se encontrava no interior da sala e aproveitava os momentos finais na despedida. Tudo o que *Rud* desejava era retê-la e jamais permitir sua partida. Contudo, era uma questão de sobrevivência e a vida dela era mais importante do que o sentimento de posse e apego. Para a judia, o desespero não era menor, sendo necessário trazer à tona toda a sua força interior para aceitar a situação forçada pelas circunstâncias que enfrentavam.

Com o rosto dela entre as mãos, o capitão a beijava seguidamente e as palavras saiam embargadas.

— Tome muito cuidado durante o trajeto, fique atenta e não deixe sua verdadeira identidade ser revelada — recomendava ao mesmo tempo em que retirava do bolso um envelope. Essa é a carta que você deverá entregar para tia *Bertha*. Leia assim que estiver em segurança. Nela, consta toda a nossa história e o mais importante: o pedido para que providencie documentos falsos para você e a envie para junto dos meus tios, que moram no Brasil — vendo a expressão de surpresa tomando-a de assalto, *Rud* sinalizou pedindo calma e prosseguiu. Assim que for possível me juntarei a você. Eu encontrarei um meio para isso, antes mesmo do fim dessa maldita guerra! — um silêncio se fez por segundos. Agora, não diga mais nada e abrace-me forte. Quero sentir seu calor mais uma vez.

Hanna obedeceu. Beijos apaixonados e promessas, o mundo que os rodeava deixou de existir até o instante em que *Draaus* se aproximou os trazendo de volta à realidade.

— Meus amigos, eu sinto por interrompê-los, mas acabaram de liberar nossa passagem e precisamos partir antes que nosso plano encontre maiores obstáculos pelo caminho — a referência era em decorrência da calmaria na localidade àquelas primeiras horas da madrugada quando aconteceria a troca da guarda dos campos de Treblinka.

— Você está repleto de razão! Todos os horários serão cronometrados e precisamos respeitá-los.

Voltando-se para a sua amada, fitou-a nos olhos e parecia que lia a Alma feminina tão sofrida. Num impulso, retirou a corrente presa ao pescoço, presente de sua mãe, cujo pingente trazia a foto dele vestindo a farda:

— Leve-o com você e só me devolva quando nos reencontrarmos novamente. É uma promessa de que ficaremos juntos.

— Não posso... — *Hanna* deixou escapar. Foi sua mãe quem lhe ofertou.

Vendo a desaprovação de *Rud* pela recusa, ela se rendeu e recebeu o presente como um tesouro valioso que levaria com ela para sempre.

Capítulo X
A FUGA DE *HANNA*

O comboio partiu levando os eleitos à valiosa liberdade. *Hanna* ia junto deixando partido o coração do jovem oficial nazista. Os belos momentos de amor ficaram para trás e restava apenas a esperança do reencontro para um recomeço sem tantos obstáculos como o ódio e o racismo.

A dor acompanharia ambos e o novo amanhecer lhes ensinaria a viverem separados. Mas como viver longe do grande amor? De que forma viveria sem a outra metade que completava e preenchia o vazio dos dias de guerra?

Eram vários e confusos os pensamentos que ocupavam a mente de *Rudolf*. Seria a primeira noite, desde o dia que a conheceu, que passaria sozinho. Não encontraria mais a paz, porque os tormentos da saudade o maltratariam intensamente. Sabendo das dificuldades que enfrentaria longe da mulher selecionada para fazê-lo feliz, odiou a separação. Todavia, tinha ciência de que ela não estava mais ao seu lado na tentativa de conseguir sobreviver ao horror que estava por vir. Experimentava o sentimento da perda. Entretanto, sabia que fora a melhor solução, pois, do contrário... Com tais pensamentos retornou para sua agora solitária sala.

– Finalmente a minha *Hanna* conseguiu escapar das garras da morte. A falta que me fará será aliviada com a certeza da sobrevivência dela – pensava enquanto rumava para o alojamento.

Enquanto os minutos transformavam-se em horas aumentando a ansiedade de *Rud*, os foragidos sem encontrar barreiras alcançaram o ponto da floresta conforme o prévio planejamento. Sem perderem muito tempo com despedidas, evadiram-se rapidamente adentrando a mata fechada. Com destino incerto contavam somente com a sorte e com as poucas condições físicas para enfrentarem o frio e a fome até serem resgatados pelos judeus da resistência que por ali se escondiam. Era o sonho da liberdade, cujo preço poderia ser a morte encontrada durante o percurso recheado de dificuldades ou, pior, serem alcançados pelos nazistas que poderiam encontrar durante o caminho. Todos os prisioneiros, com exceção de *Hanna*, eram liderados pelo *kapo Adhan*.

A farda nazista pesava muito e ela se sentia suja e traindo as tradições do seu povo. Somente o infinito amor que sentia por *Rud* foi capaz de fazê-la passar por cima de todas as convicções preservadas ao longo de sua vida. Jamais em qualquer situação diferente daquela faria com que se disfarçasse de oficial do exército alemão.

Em seus pensamentos flutuavam ideias confusas e lembranças vivas do amor vivido com tanta plenitude, enquanto que, em sua alma, um misto de dor e vergonha pela transformação tão necessária agredia as suas raízes judaicas. Confiava plenamente em seu amado, por isso, aceitara aquele disfarce.

O povo da bela judia tornara-se escravo passivo às loucuras germânicas inventadas naquela guerra. Antes, existia apenas a inveja pelo enriquecimento dos semitas, considerado ilícito pelos alemães. Tal cobiça fora aflorada de forma tão violenta e desumana, haja vista a maneira indiferente pela qual eram tratados por aqueles que dividiam a mesma nacionalidade com a maior parte dos judeus da Europa. Pouquíssimos eram os que lá imigraram em busca de um futuro mais seguro e feliz, ou seja, a maioria nascera naquele continente. As vítimas que embalaram o ódio naquela década contavam aos milhões e dentre elas estava a família de *Hanna*.

A imagem dos dois membros desaparecidos ressurgiu em suas lembranças. Talvez, a foragida já intuísse que algo terrível tivesse ocorrido com ambos, mas em nome e respeito ao amor que nutria por *Rudolf* preferiu confiar nas notícias por ele anunciadas, embora estivesse omitindo a verdade para protegê-la do sofrimento.

Independente da boa intenção, a omissão não deixa de ser uma mentira, cuja consequência sempre é danosa em qualquer tipo de relacionamento e torna-se erva daninha no belo e florido jardim do entendimento, capaz de destruir a confiança e causando desencantos.

A viagem seguiu noite adentro para o alemão e a judia ainda usando o disfarce de oficial nazista. Os primeiros raios solares surgiam sobre a destruída Europa e eles ainda trilhavam sobre o solo polonês. O silêncio comandou quase todo o percurso. Fariam uma parada em um ponto estratégico, uma velha construção parcialmente destruída pelos bombardeios e muito utilizada pelos judeus em fuga até a *SS* tomar o local e transformá-lo em uma base nazista eventualmente ocupada pelos soldados da linha de frente. Aquele seria um local mais apropriado para um breve descanso.

O grupo contrário a *Hitler* conhecia bem cada recanto da Polônia, e aquele passou a ser um local utilizado pelos soldados para o descanso e o tratamento dos ferimentos adquiridos durante os combates. Ali, ninguém tinha tempo ou interesse para ater-se em detalhes alheios, assim, seria mais seguro para manter secreta a verdadeira identidade de *Hanna*.

As poucas palavras trocadas ao longo do trajeto ficaram ainda mais escassas durante a permanência naquele ponto de parada. Sem levantar quaisquer suspeita, a jovem permanecia calada e um tanto apática, semelhante aos demais. O pesado clima que pairava no ar era natural aos de um combate. Raros eram aqueles que travavam um simples bate-papo, porque a atenção voltava-se para o risco de um ataque a qualquer momento. Somente uma frase repetia-se amiúde e ela, embora intimamente contrariada, obrigou-se a usá-la também: a velha e conhecida saudação utilizada entre eles – "*Heil Hitler*" – exaltação ao lunático ditador, um cumprimento asqueroso que nunca deixou de representar a elevação do mal sobre a raça humana.

Draaus surpreendeu-se com a postura equilibrada da foragida. Deveria protegê-la a pedido do grande amigo, até que estivesse em segurança no esconderijo em Hamburgo. Todavia, não poderia deixar de apiedar-se de ambos pelo cruel destino que os levou à forçosa separação, quando o natural seria terem o direito de viver aquele amor livremente. Como *Rud*, ele também se iludiu quando decidiu alistar-se e empunhar a arma da destruição e as táticas desumanas e exterminadoras. Dava graças por despertar da triste letargia que dominava sua consciência e por ter encontrado outros oficiais também envergonhados e arrependidos por fazerem parte daquela carnificina. Pensava muito nas pobres vítimas que não tiveram o direito de lutar pelas próprias vidas. Em seu interior, admirava a coragem que impulsionava o pequeno grupo, do qual fazia parte, de tentar barrar tantas sandices. Para cada judeu salvo, a sensação de vitória explodia secreta em seu peito. Condoía-se com a impossibilidade da realização do amor entre os jovens, porque previa a dificuldade do reencontro por eles aguardado. Guiado por uma força intuitiva, sabia de antemão que provavelmente se perderiam um do outro como quase tudo naquela guerra que era transformado em ruínas. Considerava ainda a probabilidade de que qualquer falha cometida durante a fuga colocasse tudo a perder. Ele não podia desprezar tais pensamentos, o que não o fazia se acovardar de forma alguma. Seguiria até o fim com a missão de salvar a mulher amada do companheiro fiel, mesmo que lhe custasse à vida, porque sua consciência o encorajava e o conduzia a seguir em frente.

    Cerca de seis horas mais tarde, depois de restabelecidos despediram-se e partiram rapidamente. A viagem rumo à casa de *Bertha* iria reiniciar.

Avançavam cuidadosos e calados, mas o silêncio fora quebrado por *Draaus*, desejoso por conhecer um pouco mais sobre a bela e misteriosa judia.

– Como se sente agora, depois de se sair bem entre os inimigos?

Hanna pensou por uns segundos antes de dar a resposta. Sua mente vagava nas lembranças ainda muito vivas do amado que fora deixado para trás.

– Não sei definir ao certo. Aliviada por ter dado certo o disfarce, mas também sinto-me traindo minhas crenças. – suspirou tristemente. Na verdade, o que mais me afeta nesse instante é distância entre mim e *Rud* que se torna cada vez maior.

– Compreendo. Meu amigo não deve se sentir diferente. Confie no destino. O importante agora é alcançarmos o fim planejado, pois é tudo o que almejamos.

– A única coisa que realmente ambiciono é revê-lo o quanto antes. Para isso, utilizo o poder da oração com a intenção de que nada de errado ocorra conosco e com ele naquele campo.

– Então, deixarei você sossegada com as suas orações – disse *Draaus* educadamente e calou-se em seguida.

Agradecendo silenciosa, embora ainda muito apreensiva, não encontrava disposição para conversas.

O cansaço começava a surgir novamente trazendo ligeira sonolência à jovem. Não querendo ceder aos apelos biológicos, esfregava continuamente os olhos na tentativa de afastar o sono. Repentinamente, retirou de entre a farda, o envelope que continha a carta para tia *Bertha*. Teve ímpeto de lê-la, seguindo as instruções de *Rudolf* durante a despedida. Trêmula, abriu o envelope e retirou-a, entretanto, faltou-lhe coragem e, por alguns minutos, permaneceu olhando para o papel dobrado. Sem saber o motivo, *Hanna* temia o conteúdo, além de sentir-se uma invasora, decidindo-se por guardá-lo novamente.

Capítulo XI
O ANJO DE HAMBURGO

Enfim, os foragidos deixaram a Polônia para trás e já avançavam sobre o solo germânico. O disfarce que a judia usava facilitou a viagem, mantendo-os longe das revistas comuns. Como se tratava de dois oficiais, o acesso era facilitado nas várias barricadas que encontraram pelo caminho.

O cenário que avistavam em cada quilômetro percorrido era desolador. De norte ao sul, as cidades estavam destruídas em quase sua totalidade, demonstrando tamanha insensatez dos homens, cuja sede de poder ultrapassava o bom senso e o sentimento patriota. Muitas indagações adormeciam na mente daquele povo orgulhoso, com os "porquês" de tantos estragos transformados em enigma. No entanto, mais dura se fazia a condolência pelas milhões de vítimas que sucumbiram. Uma consequência natural do imenso desvario do líder ditador, manipulador das massas, detentor da capacidade ímpar de persuasão.

Somente aqueles que viveram e presenciaram tal momento histórico detiveram e ainda detêm idoneidade para descrevê-la. *Hanna* sentia grande nó a sufocar sua garganta. Orgulhosa da nacionalidade mal podia aceitar o que visualizava à sua volta. *Draaus*, acostumado com o aniquilamento dos lugares por onde passara, parecia mais indiferente e tudo o que podia desejar era o término da arriscada missão.

Seguindo em frente, pelos caminhos bombardeados, atalhos e percursos em meio às matas, ultrapassaram facilmente todas as barreiras militares encontradas desde a saída de Treblinka até chegarem a cidade de Hamburgo. O lugar planejado foi alcançado, restando poucos quilômetros que foram percorridos próximos às margens dos rios Elba e parte do rio Alster.

Nesse ponto, *Hanna* chorou emocionada. Era o retorno à sua cidade e as lembranças surgiram fortes de um tempo vivido em família. O coração da bela foragida implorava pelo retorno ao lar confiscado, mas tinha consciência dos riscos que correria ao ser apanhada novamente pelos nazistas. Diminuto instante ilusório a fez pensar que poderia reencontrar a mãe e o irmão no antigo lar, quem sabe, numa cena comum de antes do conflito: sentados à mesa aguardando a sua chegada da faculdade para iniciarem a refeição após a breve leitura de um trecho da *Torá*.

Rápida retrospectiva desenrolava na memória, feito *trailers*. Imagens e recordações amenas do passado que pareciam distante, como as da infância, quando ainda não moravam naquela cidade. Relembrava de seu pai trabalhando, com extrema aptidão, o ouro que se transformava em delicadas e deslumbrantes peças, enquanto ensinava as primeiras lições do ofício ao filho *Yoseph*. Nos fins de tarde, quando ainda era uma menina de 10 anos, todos se sentavam para ouvir *Martha*, a mãe, dedilhando com precisão o belo piano, e retirando dele lindas sinfonias.

Foi uma época maravilhosa, cuja memorável reunião familiar não existia mais. Tudo aquilo começou a ser modificado com a morte do pai e totalmente arrasado com a perseguição contra o seu povo, trabalhador e fiel às tradições.

O choro copioso preocupou o oficial que a acompanhava.

– *Hanna*, você não está se sentindo bem? Posso ajudá-la?

– Desculpe-me. A saudade dos meus familiares dominou-me quando adentramos a cidade. Eu morava aqui, bem na área central, antes de sermos levados para Treblinka. As lembranças tomaram-me de assalto e eu não consegui me conter – respondeu controlando a emoção, pois não podia fraquejar naquele momento; não depois de tudo que enfrentaram até chegarem ali.

– Sinto-me bastante responsável pelo mal que a *SS* fizera à sua família e a tantas outras – *Draaus* não sabia o que dizer além daquelas palavras.

– Nada mais importa. Tudo acabou. Sonho todos os dias com eles e sigo acreditando em um reencontro como *Rud* me prometeu.

Penalizado, o oficial não pôde fazer qualquer menção sobre o que acabava de ouvir, porque rapidamente entendeu que ela ignorava a morte dos saudosos familiares, fato omitido pelo amigo.

– Tente descansar um pouco, logo chegaremos ao endereço anotado.

Aceitou a sugestão e acomodou-se como pôde. Tentou relaxar um pouco antes da chegada, mas sua mente não encontrava sossego.

Num ponto mais retirado da área central, sobre suave elevação erguia-se grandiosa mansão, rodeada de vegetação e um tanto isolada das outras residências e prédios avistados por ali. A bela construção possuía um estilo próprio que fugia dos demais e dos detalhes descritos por *Rudolf*. Os portões não ofereciam qualquer resistência, pois as trancas haviam sido arrombadas, provavelmente em um ataque dos nazistas. Após a passagem facilitada, imenso jardim montado com diversas plantas ornamentais foi revelado, embora sua aparência denunciasse a falta dos cuidados necessários para manter a beleza e naturalidade. Nas paredes externas da área frontal havia marca dos bombardeios por todos os cantos, embora insuficientes para abalar sua estrutura.

O automóvel parou diante da porta de entrada e os dois desceram. Não fora notada nenhuma movimentação que denunciasse a presença de pessoas naquele local. Parecia abandonado, sem vida.

Foi *Draaus* quem bateu à porta. Minutos depois se abriu revelando uma doce e delicada figura feminina. Tratava-se de uma senhora, cujos traços fisionômicos assemelhavam--se com os do sobrinho, *Hanna* empalideceu com a similaridade entre eles.

Sem deixar transparecer o pânico natural ao deparar-se com oficiais da *SS*, ela, sorridente, os saudou.

– A que devo a honra pela visita inesperada dos belos oficiais em minha isolada residência?

— Senhora *Bertha Günter Golim*? — sem esperar a afirmativa, *Drauus* continuou. Permita que eu me apresente: sou o capitão *Draaus*, amigo de seu sobrinho capitão *Rudolf Günter*.

— Sim, é claro, *Rud,* o filho de meu irmão *Klaus*. Faz muitos anos que não o vejo. Creio que nada de grave tenha acontecido com ele, estou certa?

— Certíssima, senhora. Ele se encontra na Polônia, exercendo suas funções.

— Imagino que sim.

— Se nos permite, gostaríamos de nos acomodar e assim explicar por que estamos aqui, atendendo a um pedido do seu sobrinho que lhe traz um importante apelo — respondeu evasivo e prosseguiu. Não tema, senhora *Bertha*, nossa missão não é militar, mas, sim, totalmente particular. Não nos convida a entrar?

Bertha ainda não compreendia o motivo da chegada dos oficiais e manteve-se segura quanto às secretas práticas que promovia na mansão. Sem temer que fossem descobertas, atendeu ao pedido e, educadamente, os conduziu para o interior da casa.

Ofereceu-lhes chá e, enquanto o preparava, deixou-os acomodados e sozinhos. Da janela lateral da ampla sala de estar podia-se enxergar o rio Elba e parte da cidade, onde os sinais da guerra também se faziam presentes, porque as marcas da destruição eram bem visíveis. Um contraste com a beleza natural daquela cidade portuária. *Bertha* retornou com o chá quente e pães recentemente preparados por ela própria.

– Sinto por não poder oferecer-lhes algo mais forte para beberem!

– Não se incomode. Depois da longa viagem, o chá nos cairá muito bem.

Hanna permaneceu calada todo o tempo. Todavia, não desviava a atenção da admirável mulher, cujo respeito e admiração já existiam desde quando *Rudolf* contou sobre a extraordinária história de amor, de coragem e de luta para proteger os judeus que fugiam das garras atrozes do nazismo.

A nobre senhora aguardou o repasto da dupla e, tão logo, terminaram reiniciou a conversa quebrando o enfadonho silêncio.

– Anseio por saber do que se trata a visita e a referência a respeito do apelo de meu querido *Rud*.

– É um assunto bastante delicado... – voltando-se para *Hanna* disse: Apresente-se, por favor!

Confiante, embora nervosa, a jovem se apresentou e para o espanto de *Bertha* que já demonstrava desconfiança com a visita inesperada, retirou o capacete e o casaco que compunha a farda, enquanto contava-lhe sobre a fuga do campo de concentração.

Se não fosse a presença de um verdadeiro oficial, *Bertha* logo acreditaria na moça, atribuindo-lhe a coragem e a ousadia que tanto admirava. Entretanto, temeu se tratar de uma cilada armada para finalmente desmascará-la. Tornando-se mais firme, falou.

– Não estou entendendo a brincadeira. Que história é essa? Vocês invadem minha privacidade e me contam sobre um romance entre meu sobrinho, que é um capitão da *SS*, e uma judia prisioneira que fugiu com outros judeus de um campo de concentração? Onde estão os outros fujões? O que querem de mim?

– Acredite no que lhe contamos... – implorou *Hanna*. A senhora é a única esperança para mim e para *Rud*. Trago-lhe uma prova concreta do que lhe foi revelado – com as mãos trêmulas, entregou-lhe a carta escrita pelo homem amado. Foi ele quem a redigiu. Nela, ao certo encontrará algum detalhe que a convença.

– Minha jovem, eu espero que esteja falando a verdade, porque esse tipo de brincadeira não se faz! – de posse do envelope, afastou-se alguns passos e começou a leitura.

– Se me permite, gostaria de conhecer o conteúdo. *Rud* me autorizou a leitura antecipada, mas preferi entregá-la antes.

Ainda insegura, *Bertha* sentou-se ao lado da jovem e em voz alta começou a ditar as palavras escritas no papel. Discreto, *Drauus* retirou-se, indo dar um passeio pelo jardim, deixando-as à vontade por se tratar de um assunto familiar.

"*Estimada tia Bertha*,

"*Escrevo-lhe estas linhas na esperança de que cheguem em segurança às suas mãos. Encontro-me na Polônia, exercendo trabalhos administrativos no campo de concentração Treblinka I. Papai Klaus empenhou-se a favor da minha transferência, após os longos primeiros anos de guerra lutando no* front. *Seguindo a vocação do vovô Otto, alistei-me no exército nazista acreditando que auxiliaria na construção de uma nova Alemanha, mais poderosa e independente. Quanta infantilidade da minha parte crer ser necessário exterminar para edificar uma nação bastante abalada no conflito anterior! Depois de algumas batalhas vencidas, senti-me cansado, e porque não dizer, enojado com os meios covardes usados contra os inimigos. As notícias dos graves acontecimentos nos chegavam a todo instante e de toda parte, o que figurava ser uma glória para muitos, para um pequeno grupo, onde estou incluído, não passava de descontrolada insanidade partida diretamente da mente deturpada do ditador alemão. Que ele não me ouça! Como resultado, espalhou-se o horror por todos os cantos e há aqueles que se deliciam com tais ocorrências.*

"*Esse é um pequeno relatório sobre a minha atual situação. Apesar de estar gozando de plena saúde física, não consigo ter uma noite de paz vivendo e contribuindo para os delírios do nosso chefe de Estado. Mas não foi para falar sobre a minha pessoa ou mesmo sobre o nazismo que venho perturbar sua paz!*

"*Há pouco tempo, obtive a permissão para visitar papai e mamãe e, junto deles, passei alguns dias. Gloriosos momentos! Amenizei a falta que me fazem e vice-versa. Entretanto, para minha surpresa, presenciei a grande transformação que se deu em seu irmão quanto ao ódio e preconceito vastamente incitado por mentes doentias. Papai era outro homem que me deu orgulho e grandes lições de vida durante o breve convívio. Foi exatamente nesses dias que tomei conhecimento da sua união com um judeu e do amor que os uniu. Infelizmente, titio Kaleb não se encontra mais entre nós, porque eu teria imenso prazer em conhecê-lo. Emocionei-me com a sua disposição de enfrentar todos os preconceitos para viver o verdadeiro amor. Orgulho-me por ser seu sobrinho, ainda mais depois que descobri o seu empenho para salvar vidas quando a maioria tenta eliminá-las.*

"Pois bem, é por esse motivo, movido na certeza de que não me faltarás nessa hora que lhe peço abrigo à minha amada Hanna, uma mulher maravilhosa que conheci nesse local de trevas, cuja existência trouxe luz para os meus dias obscuros. Preciso salvar a sua vida e com pesar me separo dela para, numa fuga arriscada, entregá-la aos seus cuidados, pois sendo Hanna uma judia temo por sua integridade e sobrevivência.

"Rogo seus préstimos em favor dela. Tenho a intenção de tomar a mais importante decisão: desertar da minha vida militar para ir ao encontro dela. E assumir todos os riscos inerentes a essa atitude. Confesso que há muito tenho pensado em me desligar dessa loucura, pois não consigo mais aguardar o término do conflito que parece nunca chegar. Tenho fortes impressões de que me tornarei um homem desequilibrado se me privar da liberdade que antes possuía, porque servindo à nação, nesse período tão turbulento, sinto-me como um dos milhões de prisioneiros que jazem para a eternidade.

"A presença de Hanna trouxe-me paz e esperança, mas nosso amor, como o seu e de tio Kaleb, está condenado pelo louco preconceito que limita nossas vontades. Seguindo seus passos, titia, resolvi fugir e recomeçar minha vida ao lado dela no Brasil, por isso gostaria que a senhora preparasse tudo o que for possível e a enviasse para as casas de um de seus irmãos, Gerald ou Ludvick, e assim que encontrar uma chance, seguirei o mesmo rumo. Deposito minhas derradeiras esperanças na sua compreensão e ajuda.

"Sem mais.
"Do seu sobrinho, Rudolf *von Günter".*

Bertha, bastante emocionada com as confissões lidas, abraçou a jovem com extrema ternura dizendo:
— Perdoe-me por desconfiar de você, mas em tempos de guerra todo o cuidado é pouco, minha sobrinha! Posso chamá-la assim?
— Será uma honra — *Hanna* chorava emocionada com a carta e com o acolhimento daquela mulher admirável.
— Farei o que ele me pede. De hoje em diante você estará sob minha proteção! E que Deus nos ajude!
Abraçaram-se comovidas. Uma grande e duradoura relação de amizade, de respeito e sentimentos iniciava-se naquele instante.
Enquanto isso em Treblinka I, o capitão *Rudolf* sofria as consequências da evasão ocorrida, pois chegara a notícia de que os prisioneiros deslocados não chegaram ao seu destino. Para piorar a situação, o nome da judia vista como amante do capitão estava incluído na lista dos transferidos. Como eles não chegaram, foi descoberto o plano de fuga, confirmado pela inclusão do nome de *Hanna* que não deveria estar ali. Assim, toda a desconfiança recaiu sobre *Rud*.
Kurt, o primeiro comandante, fora chamado às pressas e precisou deixar o campo anexo para resolver difícil situação. Sabatinado, o jovem oficial não confessou a participação no feito nem delatou os detalhes esperados.
Mesmo sem um julgamento comum, ele foi condenado à morte por traição.

A vida terrena do jovem oficial encontrou seu término. Na última estação de sua jornada partiu, deixando no mundo a amada em mãos protetoras com a promessa de um amor, agora adiado.

Capítulo XII
A MORTE COMO TRAIDOR

*R*udolf pressentiu os momentos finais da sua vida terrestre. E, quando se viu face a face com a morte, temeu como qualquer ser humano submetido a uma das Leis Divinas: a sábia Lei de Conservação.

O medo pelo desconhecido igualava-se ao pânico em deixar sua amada sozinha no mundo. A expectativa de uma nova oportunidade de vida em comum encerrar-se-ia no instante em que a corda em volta de seu pescoço cumprisse o veredito mortal. E foi exatamente assim que ocorreu.

O coração do jovem batia disparado. Todas as medalhas conquistadas com honra foram arrancadas e *Rudolf* foi conduzido ao cadafalso improvisado. Minutos depois, o corpo, antes vigoroso e cheio de vida, balançava inerte no ar.

Novas sensações iam sendo experimentadas paulatinamente: sutil deslocamento na coluna; a garganta trancada impedindo a respiração; a tontura fazendo tudo rodar em uma velocidade vertiginosa; após, a escuridão silenciosa.

Triste destino ou precioso resgate? Cabe assim à história responder, levando em conta os comprometimentos do pretérito submetidos à Justiça Divina. O fato fala por si. Entretanto, não retira o peso da trágica desencarnação.

O jovem audacioso que fez a escolha pelo amor em vez da fidelidade cega aos ideais que não mais lhe convenciam morreu sentindo-se só. Mas não vazio como os demais ali presentes, porque em espírito estava repleto de afeição e contentamento por ter poupado a doce *Hanna*. Com tal ventura fechou os olhos para o mundo dando início ao despertar em uma diferente dimensão, bem mais sutil, renovadora.

Rudolf, como todas as criaturas do Universo, estava submetido às leis que o regem, por isso, encontrou na vida espiritual o resultado de suas ações na encarnação recém-finda. A Justiça Divina se faria presente e precisa na colheita obrigatória das sementes que lançara pela vida afora.

As primeiras sensações por ele experimentadas eram de um abandono total, seguido do intenso frio que o envolvia. Por muito tempo, o despreparado espírito permaneceu sob os mesmos efeitos.

Uma semana havia transcorrido desde o desenlace do jovem oficial, ainda lembrado e citado como um covarde traidor no meio militar do qual fez parte.

Não houve nem choro nem lamentos pela partida prematura do jovem que trocou um futuro promissor dentro do *Reich* pela realização do verdadeiro amor, pois a sua passagem para o Mundo Espiritual era desconhecida por seus familiares e por *Hanna*. Entretanto, a conexão amorosa existente entre eles era milenar e destruía as dificuldades atribuídas pela distância, e ela captava tudo por meio da sintonia vibracional no instante da desencarnação de *Rudolf*. Dentre eles, intensa vertigem que lhe roubou os sentidos e o fluxo normal da respiração.

Sem mais encontrar sossego em seu íntimo, a jovem apresentava sintomas de intenso esgotamento físico e mental. Exauridas as forças, desapareceu o ânimo para reagir à profunda tristeza que se lhe apossara. Sempre presente, embora imperceptível, o invisível elo existente entre os dois a manteve por dias seguidos em um estado quase inanimado.

Tanto *Bertha* quanto *Nicolay*, outro ocupante do esconderijo, se preocuparam.

Nicolay, um judeu russo de 34 anos de idade, era médico membro da resistência e integrante do Gueto de Varsóvia. Evadiu-se depois de presenciar a execução de toda a sua família: a esposa e dois filhos ainda crianças, além da execução dos pais e da irmã adolescente. Todos, com exceção dele que escapou da morte por obra do destino, foram executados e enterrados em uma vala coletiva. Desorientado pelo ódio aos nazistas partiu sem uma direção definida, até encontrar, por indicação de um companheiro do gueto, a mansão de *Bertha*. Protegido no esconderijo salvador tornou-se o braço direito da nobre alemã que arriscava a vida em favor dos judeus desamparados.

A repulsa ardente pelos alemães só não se tornou total para ele pela simples existência de *Bertha*, um ser humano magnífico que, inocentemente, ganhou o estigma de assassina pelo simples fato de ter nascido ariana.

Da mansão partiria brevemente, apenas aguardava a confecção dos documentos falsos para deixar a Europa e rumar para as Américas em busca de um novo recomeço que o possibilitasse lembrar seu passado sem tanta dor e revolta.

A vida de *Nicolay* fora completamente destruída pelas ações nefastas da *SS*. Médico recém-formado, contava com a brilhante carreira de salvar vidas e esmoreceu sentindo-se impotente diante da dantesca cena de execução de centenas de judeus e, entre eles, seus amados entes.

Naquele terrível dia, ele e mais alguns companheiros retornavam de uma reunião secreta, cujo assunto em pauta era a união do povo do gueto com outros grupos da resistência para um plano de contra-ataque às forças nazistas. O plano vazou e, para a surpresa de todos, um dos pelotões do exército de *Hitler* invadiu o gueto metralhando todos os que encontravam pela frente. Centenas de pessoas inocentes morreram naquele ataque. *Nicolay*, não encontrando mais gosto para lutar contra as barbaridades sofridas por seu povo, resolveu fugir sem destino. Em sua mente, a fixa ideia de enfrentar os nazistas que encontrasse pelo caminho durante a fuga e a possibilidade de também ser executado como os seus familiares o moviam a seguir adiante. Até que, arriscando-se nas matas e nas cidades, lembrou-se de uma conversa que teve com *Higor*, um companheiro da resistência, um dos responsáveis pela divulgação dentro do gueto das ações planejadas contra os nazistas.

— "Companheiro Socorrista" –, codinome escolhido pelo grupo para *Nicolay*, uma referência aos serviços médicos prestados aos judeus feridos no gueto – às vezes tenho vontade de fugir de tudo isso.

— Fugir? Não temos para onde ir, pois a maior parte da Europa já fora conquistada por esses miseráveis nazistas!

— Engano seu. Conheci algumas pessoas que me afirmaram que em Hamburgo existe uma mulher que ajuda a alguns do nosso povo a fugir para outros países. Conto-lhe em confiança, pois tal notícia não pode se espalhar.

— Pode confiar. Mas desculpe-me a sinceridade, é difícil acreditar em tal notícia. Quem seria tal anjo?

— Uma senhora alemã... – vendo a expressão de descrença do amigo continuou. Falo a verdade, ela é alemã e foi casada com um judeu. Dizem que se amavam muito e que tiveram que enfrentar a contrariedade da família da jovem, na época. Fugiram para a Polônia, fizeram fortuna e retornaram muito ricos. O marido judeu morreu no primeiro conflito defendendo a Alemanha e, desde então, a senhora vivia só até estourar essa maldita guerra.

— Não sei, não. Tudo isso me parece uma cilada, uma armadilha dos desgraçados soldados para nos pegar de jeito!

— Para que usariam tal história, se é mais simples nos eliminar como eles fazem todos os dias?

Nicolay não soube o que responder. Todavia, pensou na possibilidade de mandar a esposa e os filhos para a tal mansão. No entanto, os dias foram passando e as dificuldades para uma fuga tão arriscada como aquela foram minando as ideias do médico judeu. Em pouco tempo, com tantos ataques contra o seu povo, estava completamente esquecido do anjo de Hamburgo. A lembrança da mansão ressurgiu no dia que ele adentrou a cidade, depois de semanas enfrentando o frio, a fome e as artimanhas do exército.

O carinho, o respeito e a admiração por *Bertha* nasceu no coração endurecido do médico russo logo nos primeiros dias, quando assistia ao empenho e à vontade desinteressada daquela mulher em salvar o maior número de judeus possível. O arrependimento por não ter mandado a sua família para os cuidados daquela mulher, por não ter acreditado no companheiro *Higor*, machucava-o profundamente.

Como forma de agradecimento e compensação sempre adiava a partida e ia ficando para auxiliá-la no atendimento aos foragidos. Na tristeza, a acompanhava. Solitário, fechara-se para tudo e, com a chegada de *Hanna*, sentiu que sua vida tomaria novo sentido.

Conheceu a história de amor entre o sobrinho nazista de *Bertha* e a linda judia. Todavia, sua inteligência dizia ser quase impossível o reencontro deles. Assim, uma nova esperança de felicidade acendia-se dentro do coração de *Nicolay*, conforme os dias iam passando e os laços de amizade entre os dois se estreitavam.

Foi ele, como médico preparado, quem cuidou de *Hanna* e quem descobriu um detalhe que faria toda diferença na vida deles, impulsionando-os a deixar o país o mais rápido possível: ela estava grávida. Esperava um filho de *Rudolf*, para a alegria dela e de *Bertha* que ainda, como todos, ignoravam a morte do pai da criança.

    O que o destino reservaria para todos os envolvidos na trama? Como seria o porvir da jovem que acreditava na volta do amado? Até quando a morte dele permaneceria desconhecida?

Capítulo XIII
NO ESCONDERIJO

O pequeno abrigo tinha as paredes de pedras e não media mais do que quatro metros quadrados. Construído por *Kaleb* com a finalidade de guardar com segurança toda a fortuna conquistada com muito esforço e sacrifício. Todavia, por causa das proporções que a Segunda Guerra tomou e da solitária viuvez da digna ariana, fora transformado em esconderijo para os muitos perseguidos que na mansão aportavam em busca de um porto seguro em meio à tempestade que se abatera em todo o território alemão.

Toda riqueza acumulada ao longo dos anos fora removida daquele local para ceder espaço aos refugiados da guerra. Assim, o esconderijo ia sendo utilizado de forma humanitária, tamanho o desprendimento daquela Alma bondosa. Temendo possível saque dos soldados nazistas ou de alguém mal intencionado, o tesouro foi depositado em outro local secreto. Erguido como a segunda opção conforme a necessidade do casal ao longo tempo. Não fora revelado a ninguém e se localizava no quarto de *Bertha*, entre a dupla parede por detrás do imenso armário de roupas, cujo acesso se dava pelo acionamento de um botão situado entre uma das pequenas fendas na base dele. De tão estreitas tais aberturas, somente pequenas e delicadas mãos femininas poderiam acioná-lo.

Com a gravidez confirmada, a permanência da jovem judia no porão da mansão preocupava aos demais, porque os riscos eram outros além do de ser recapturada pela SS. O minúsculo tamanho associado à umidade existente tornava o esconderijo desapropriado. Por sorte, naqueles dias, somente ela e o médico russo dividiam o pequeno espaço, mas não demoraria a surgirem outros perseguidos fugitivos em busca do abrigo seguro.

Hanna não queria deixar o país sem a companhia do pai do filho que gerava em seu ventre, por isso relutava cada vez que tia *Bertha* falava da imediata partida para o Brasil. Até que em uma noite da quarta semana na mansão, a jovem teve um sonho intrigante que a fez tomar aconselhada decisão. No dia seguinte, amanheceu taciturna e seu companheiro de esconderijo quis saber o motivo. Então, a vontade de dividir a experiência vivida cresceu a ponto de ficar incontrolável, fazendo-a narrar o ocorrido sem esquecer qualquer detalhe.

– Eu tive um sonho um tanto estranho com papai! Ele veio me visitar. Lembro-me de que estava muito frio e escuro, porém, à medida que ele se aproximava de mim, a cintilante luz que o envolvia tornava-se mais visível, quase palpável e me aquecia por completo – a jovem suspirou profundamente a fim de controlar as emoções causadas pelas lembranças paternas. Todo o recinto se iluminou aquecendo meu coração instantaneamente. O olhar de papai possuía a mesma ternura de quando ainda vivia; no seu semblante a paz fazia morada, as palavras ecoavam mansas e firmes.

— Você deve sentir muita falta dele, não é mesmo? — inquiriu *Nicolay* vendo-a entristecida com a narração.

— Sim, sinto muita falta mesmo! Ele era um homem maravilhoso, dedicado e sempre presente.

— O que ele lhe disse, *Hanna*? — paciente, segurava as mãos da jovem em sinal de respeitoso apoio.

Ela pensou por alguns segundos relembrando todo o sonho, no intuito de reproduzir fielmente as palavras ditas pelo homem que lhe dera a vida.

— Ele me disse: "*Minha filha amada. Tenho acompanhado sua difícil trajetória em busca da sobrevivência nesses tempos tão conturbados. Presenciei a força do sentimento que a uniu ao jovem por quem devo gratidão eterna. Ele a amou e a fez feliz durante o tempo, o qual permaneceu naquele lugar fatídico, a ponto de não deixá-la perceber o mal espreitando. Agora você está distante do risco maior e livre da desgraça contra o nosso povo. Mas precisará enfrentar uma nova etapa, difícil e sofrida, que se aproxima independente da nossa egoísta vontade. Entretanto, com esforço e fé sairá vencedora e entenderá o fechamento de um ciclo para que outro se inicie. É sempre assim que acontece em nossas vidas. Estamos sujeitos a mudanças inesperadas. Não perca mais tempo com as esperas inúteis e tome a decisão acertada em seguir o caminho que Deus lhe apresenta. Siga para outras paragens! Vá sem olhar para trás, e leve com você, guardadas em seu coração, as doces recordações que se perpetuarão por intermédio do amor experimentado que resultou no rebento que hoje agasalha em suas entranhas! Não percas mais tempo! Minha amada* Martha *e* Yoseph *encontram-se bem e, quando for possível, virão ter com você para matar as saudades que ainda os desequilibram! Nosso herói, Rudolf, necessitará de muito tempo para se restabelecer da sentença inesperada e, assim, conseguir encarar o destino sem se deixar abater pela revolta e pelo desespero. Siga o seu destino! O solo que a viu nascer não serve mais para receber seus passos. Por isso, uma nova missão a aguarda longe daqui! Fique em paz, fique com o Senhor!"*

Hanna chorava emocionada quando findou a reprodução das palavras paternas. Muitas dúvidas surgiram abrindo lacunas gigantescas em seu coração.

– Depois de dizer isso – continuou ela –, a imagem de papai se desfez feito fumaça e eu me vi só novamente. O que será que ele quis me dizer, *Nicolay*?

Em uma rápida análise, o médico, pelo mecanismo intuitivo inconsciente, entendeu o teor das palavras do pai já desencarnado da jovem. Sua aparição não era resultado de um simples sonho, pois trazia revelações que serviram como um farol a direcionar o futuro da filha, como, por exemplo, a certificação da morte da mãe e do irmão, um fato desconhecido por *Hanna*, apesar de ser uma realidade costumeira para aqueles que eram conduzidos aos campos de concentração. Já a situação de *Rud* ficara mais confusa para o seu entendimento. Todavia, compreendia que o oficial, por motivos sérios, não se encontrava em boas condições de reencontrar a amada facilmente. Talvez sofresse embargos por ter possibilitado a concretização do plano elaborado para enviá-la para longe, onde a guerra não fazia tanto estragos. Sem magoar, tentou fazê-la enxergar o óbvio.

— Seguindo a minha capacidade de compreensão, vejo que no sonho seu pai quis dizer muitas coisas, e que você, por temer dar um salto no escuro e se arriscar a deixar parte de sua história para trás, ainda não esteja preparada para tomar a única decisão viável e segura, por isso a dificuldade de entender e aceitar as mudanças. O sonho deixa bem claro o quanto você deseja se agarrar ao passado e também a dificuldade de permitir nova possibilidade que lhe apresente outros rumos, porque os que você insiste em atravessar já não a levarão mais a lugar nenhum. Mas, mesmo assim, você teima em trilhá-los. Então, surgiu seu pai em sonho para abrir seus olhos. Seja uma manobra do seu subconsciente que projetou a imagem do seu pai como meio de sacudi-la ou uma espécie de força extrafísica, eu percebo que a experiência a qual você me descreveu parece bastante real, no qual surgimento de alguém que lhe foi muito caro e a morte levou, figura como a única maneira que seu íntimo ou talvez o nosso próprio Deus encontrou para convencê-la a deixar a Alemanha o quanto antes, a fim de lhe dar uma oportunidade de vida em um lugar bem distante daqui.

— É tudo muito confuso, mas de uma coisa estou certa: o conselho de papai não se tratou de fruto da minha imaginação tentando destruir minha covardia, mas, sim, tenho certeza de que estive em contato com ele, pois todas as sensações e percepções eram muito reais para serem produtos de um sonho – desabafou *Hanna*, em uma demonstração de entendimento espiritual. Em parte, concordo com você, embora seja tão difícil para mim. Entretanto, algo me intrigou sobremaneira.

– Diga-me do que se trata? – *Nicolay* queria muito ajudá-la naquele instante, sem interferir nem induzi-la a qualquer decisão.

– O que ele quis dizer sobre mamãe e *Yoseph* não ter condições de virem até mim sem se desequilibrar. Você pode me explicar isso?

– Acredito que a resposta esteja em seu coração, escute--o...

Hanna, querendo compreender a mensagem truncada que recebera, analisou mais friamente o que ouvira sobre eles. Forte intuição lhe dizia que ambos já não mais faziam parte do mundo. Então, tomada por profunda dor, cobriu o rosto com suas mãos trêmulas e chorou compulsivamente, enquanto repetiu várias vezes: Eles não podem estar mortos!

Sem suportar a emoção da descoberta, a jovem semita desfaleceu e precisou ser amparada pelo amigo.

Mais tarde, com ela já refeita do triste e surpreendente abalo, ainda chorava pelo vazio da perda. Algumas questões permaneceram obscuras, mas decidiu silenciar e não tocar no assunto. *Nicolay*, compreensivo, também nada mais falou a respeito.

Com a família destruída, restava além dela e do filho no ventre a esperança de reencontrar o homem amado que, segundo as palavras de seu pai, encontrava, momentaneamente, entraves para vir juntar-se a eles. Relembrando o derradeiro dia ao lado de *Rud*, surgiu o instante da promessa de partir para o Brasil, onde aguardaria a chegada dele. Resoluta, decidiu por atender ao desejo do homem amado. Partiria com a tristeza por deixar parte de sua vida na terra natal. Entretanto, alimentaria a esperança de estar equivocada com as conclusões tiradas do sonho e agarrar-se-ia à fé de que, um dia, todos estariam juntos novamente.

Em sua consciência, uma voz lhe dizia que não os veria mais. Era o prenúncio de severas e conclusivas mudanças. Mas preferiu manter a ilusão do reencontro como uma forma de proteção inconsciente para obter forças para seguir adiante.

A semente havia sido lançada pelos amigos da dimensão espiritual que a conduziram durante o sono para um encontro com o pai já desencarnado. Conhecendo o solo fértil na alma da jovem, os benfeitores espirituais aguardariam a ação eficaz do tempo, o único capaz de reorganizar todas as coisas em seus devidos lugares.

Os dias seguiam-se por um novo prisma para *Hanna*, mais amargo e solitário, embora com uma nova responsabilidade: proteger o filho de todas as formas possíveis. Por isso, deixaria a Alemanha antes que a gravidez avançasse mais complicando a já difícil situação. Não obstante, demonstrava certo inconformismo em não poder aguardar o retorno de *Rudolf* para seguirem juntos para o lugar planejado. Deveria se conformar e aceitar a sugestão de tia *Bertha* sobre a necessidade de *Nicolay* acompanhá-la na fuga.

Assim, ambos reiniciariam suas vidas longe do conflito ameaçador. Partiriam como um jovem casal alemão usando documentos falsos.

Tudo estava acertado para a partida deles, marcada para a semana seguinte, quando o navio partiria do porto de Hamburgo com várias escalas até atracar no porto de Santos em São Paulo, Brasil. De lá partiriam para o sul do país onde procurariam os irmãos de *Bertha* com o endereço e a carta com o pedido de abrigo para os dois foragidos.

Os últimos dias na mansão foram mais amenos para todos. *Bertha* ficaria sozinha e isso preocupava o médico judeu, mas, como vinha sendo desde o início, ela logo receberia outros hóspedes aflitos.

Na outra dimensão, onde se encontrava o jovem, ex-capitão da *SS*, a realidade era bem diferente. A mente de *Rudolf* começava a despertar para um novo período de sofrimento e depuração.

Capítulo XIV
NO MUNDO ESPIRITUAL

R*udolf*, em espírito, encarava diferente realidade e desconhecia que se encontrava em outro plano dimensional perceptível após a morte física, ou seja, adentrara no plano extrafísico.

Independente de estarem preparados ou não, conscientes ou não da verdadeira condição para o qual foram criados, os homens ingressam no Mundo Espiritual e despertam em lugares específicos, necessários e merecidos a cada um, "segundo as suas obras", pois "existem muitas moradas na casa do Pai", de acordo com as palavras do Mestre Jesus. Tais lugares são ocupados pelos milhões de espíritos em fase de ajustes, depuração ou a serviço da Obra de Deus. O ato de desencarnar encerra em si um ciclo, deixando uma dor imensurável para os que ficam e uma descoberta, surpreendente ou não, para aqueles que se despem do corpo material. Entretanto, não os torna santos ou merecedores das maravilhas divulgadas erroneamente por diversas religiões na Terra. De uma forma mais coerente, os espíritos não cansam de provar que "morrer" nada mais é que uma mudança de estado, e tal transformação coloca cada ser cara a cara com seus erros e acertos, com seus saldos e débitos. Daí inicia-se a nova realidade, sem máscaras e sem esconderijos. Portanto, nada de mágico ou de terrível há do outro lado da vida física, pois nela se dará continuidade a todos os vícios, defeitos e virtudes acumuladas ao longo da jornada terrestre. Cabe a cada um adequar-se da melhor forma que o possibilite seguir em direção ao verdadeiro objetivo da criação humana: a evolução espiritual.

Em conformidade com tais certezas, a descrição da situação de *Rudolf*, depois da desencarnação, não deve nem surpreender quem quer que seja, visto que esta verdade se aplica a todos. A frase ditada por Jesus Cristo há milênios: *"a cada um segundo as suas obras"*, ecoa silenciosa nas mentes humanas. Muitas vezes, esquecida ou dispensada pelos homens, se faz presente e única quando o romper das barreiras que separam os dois mundos coloca todos diante do resultado final da prova vivida.

Perante esta realidade, *Rudolf* se encontrava no Mundo Espiritual.

As mesmas sensações provadas no minuto da execução ainda se faziam presentes. Intenso frio o envolvia e miserável era a condição do combalido oficial, com dores por todo o perispírito.

O vácuo a que fora lançado e onde permaneceu nos primeiros tempos não tinha medidas definidas, igualando-se à imensidão do espaço cósmico, porque ele se sentia flutuando perdido e sozinho. Nada podia enxergar ou ouvir, apenas os cruéis efeitos da triste desencarnação o acompanhavam. Aos poucos e com certa dificuldade, mas sem visualizar, passou a perceber grande quantidade de mãos o tocando. A primeira impressão do espírito *Rudolf* foi a percepção de vida. Sentia-se vivo, apesar das dores e do mal-estar:

– Fui salvo da morte?

Este, o primeiro pensamento do jovem desencarnado ao notar mãos gélidas e desejosas por arrancar suas carnes. Ouvia ao longe alguns sons, palavras em *Iídiche*, que pareciam xingamentos. Sim, ele era maldito por uma multidão considerável dada a quantidade de vozes pronunciando-se ao mesmo tempo.

Em seguida, o corpo atlético de antes ia sendo jogado para todos os lados por chutes, pancadas e socos. O espírito *Rudolf,* não sabendo ao certo do que se tratava, pensou estar sendo devorado vivo por uma matilha de lobos enraivecidos. Desnorteado, não conseguia definir por quanto tempo permaneceu nesse joguete de ataques e agressões.

Transcorria o tempo, tanto para o jovem perdido na Espiritualidade quanto para *Hanna* em sua missão de chegar ilesa ao Brasil. Os mundos seguiam paralelos e interagiam, embora, não houvesse ainda a capacidade perceptiva de ambas as partes.

Enquanto a futura mãe do filho de *Rudolf* atravessava oceanos em um navio, muitos alemães em busca de novos horizontes bem longe do país da qual se orgulhavam, ele se debatia nas incertezas do desconhecido.

Apoiada e protegida por *Nicolay* que se tornara um grande amigo, ela carregava a dor da saudade e a fé jamais extinta de reencontrá-lo a fim de vivenciar definitivamente o amor adiado.

Hanna e *Rudolf* sofriam sem saber que a morte os separava momentaneamente, interrompendo a possibilidade do enlace amoroso na vida atual, adiando mais uma oportunidade cedida do Alto. Ele, sem noções exatas da sua verdadeira situação. Ela, vazia e aquebrantada pela solidão imposta e detestada. Não se sentia pior por causa da carinhosa presença de *Nick* – como passou a chamar o companheiro de fuga.

Os dias e as noites rompiam sucessivamente, em uma demonstração precisa do transcorrer do tempo e dos inúmeros ciclos que se completam pela vida afora.

O espírito do jovem nazista recuperava, aos poucos, a visão. Inicialmente, seu campo visual não alcançava mais do que sombras e vultos, enquanto os demais sentidos permaneciam inabalados. Eram muitos ao seu redor disputando espaço e a vez para ameaçá-lo, donos daquelas vozes que o assombravam pela insistência e pelo ódio contido na entonação. Em raríssimos momentos, minúsculos fachos de luz se desenhavam à sua frente, porém, a escuridão assustadora prevalecia no maior espaço de tempo. Os uivos ecoavam de todos os lados. Lamentos doridos também eram captados para o seu maior desespero.

Quando o poder de enxergar se normalizou, ele se viu estendido sobre uma lama fétida com cheiro semelhante ao de excremento.

Dezenas de criaturas também desencarnadas estavam à sua volta. As marcas de tiros eram visíveis e presentes em cada uma daquelas companhias indesejáveis, alucinadas e revoltosas. Entre elas, reconheceu, pelas vestes soldados, muitos civis e judeus. Todos com uma horrível aparência pareciam mortos-vivos.

Um filme com todos os acontecimentos da guerra, no exato período que lutou no *front*, passou pela mente do jovem numa velocidade assombrosa. Muitas daquelas figuras atormentadas que o circundavam foram reconhecidas como as vítimas combatidas nas batalhas que ele participou ou comandou. Deixando-o ainda mais confuso. As dúvidas surgiram e ele já não sabia se fazia ou não parte do mundo dos vivos e se todos os seus sonhos em relação à mulher amada poderiam ter ficado para trás. Sem nenhuma noção sobre a eternidade espiritual e sobre a reencarnação, imaginava o fim de uma história de amor de curta duração, mas inesquecível. Foi ali que se lembrou de *Hanna* e de todos os momentos vividos ao lado dela. Uma dor insuportável, alucinante, invadiu seu espírito cansado. As vítimas se compraziam com o estado desesperador daquele que consideravam como verdugo. A única sensação era a de estar na antessala do inferno.

Sem reagir deixou-se ser levado pelos sedentos de vingança. No fundo, desejava ser aniquilado, destruído de tal forma que nada mais sentisse ou pensasse. Ia sendo arrastado pelos soldados da tropa adversária com os quais travou luta. Civis e judeus falavam sem parar, questionavam e acusavam, como em interrogatório julgador.

— Miserável! Assassino! Aqui, a sua valentia não vale de nada, porque não pode nos enfrentar, soldadinho de nada! Verme imundo!

– Acabem comigo de uma vez por todas! – implorava o espírito atordoado do antigo oficial.

– Você já está liquidado, seu imbecil! Foi executado pelos seus compatriotas. Bem-feito, mereceu a morte humilhante – gritava um dos membros da turba.

– Onde você enfiou a sua superioridade arrogante? Cadê as armas que usava contra os indefesos? – outro falava, enquanto o arrastava.

O lugar para onde o levaram era horrível, cercado por montanhas rochosas, cuja pouca vegetação em nada contribuía para amenizar o cenário bárbaro. As poucas cavernas cravadas nas rochas eram disputadas com muita luta, mas, pela visão possível, não se diferenciavam muito do lado externo, pois o lamaçal descia contínuo dos pontos mais altos das elevações rochosas e quase cobria tudo. Um ambiente hostil, onde a escuridão imperava e os lamentos torturavam os sentidos. O suposto algoz fora largado em um pântano de água podre e insuportável odor que entranhava em suas narinas e lhe sufocavam a garganta já bastante afetada pelo enforcamento. A lembrança do odor da carne queimando nos grandes fornos do campo de concentração em Treblinka, que tanto o incomodavam, era nada em relação ao que ali sentia. Agravando aquele desolador quadro, a intensa dor na coluna e no pescoço dificultava a respiração, incomodando-o profundamente.

Por um tempo impreciso, ele permaneceu naquele lugar e quando se via mais fortalecido, corria feito um louco para se livrar daqueles verdadeiros zumbis que não saíam do seu encalço. As dores também não o abandonavam mesmo nos instantes que conseguia despistar a malta enfurecida. Fatigado ao extremo, *Rud* vagava por aquelas regiões espirituais trevosas que mais lembravam as descrições de *Dante Alighieri* no livro *A Divina Comédia*. Se existia mesmo um inferno ele estava dentro dele, sem ninguém para socorrê-lo.

Os cabelos compridos e desalinhados misturavam-se à barba que crescia rapidamente. As roupas rotas não pareciam mais o uniforme militar, o qual sonhara usar desde criança. O poderoso capitão da *SS* transformara-se em um espírito maltrapilho e perdido em uma gruta sem saída, sem futuro, nem descanso, paz e, principalmente, sem *Hanna*.

As recordações da amada acalmavam-no um pouco. A vontade de saber onde e como se encontrava crescia à medida que os rogos dela o alcançavam proporcionando-lhe um calor reconfortante e ligeiro bem-estar. Criava-se em torno do adorado, uma espécie de proteção invisível capaz de minimizar os duros efeitos da colheita obrigatória a que estava submetido.

– Onde estava o Céu de delícias que *Hanna* tantas vezes me falara? – pensava ele ao lembrar-se das descrições sobre o Paraíso e *Jeová*, o Deus dos judeus. Onde se encontra Deus e todos os santos tão presentes na devoção de mamãe e nas obrigações religiosas da minha família?

Nesses poucos minutos de paz, efêmera, embora valiosa, as criaturas que o perseguiam davam uma trégua. Então, o jovem desencarnado conseguia dormir com maior sossego e alimentar-se com as vegetações que arrancava daquele local. Para mitigar a sede, sem mais opções, obrigava-se a beber a água podre do pântano.

As primeiras ideias sobre um Ser Superior começavam a se delinear naquela mente cansada de sofrer e de fugir.

Surgiam tímidos, os elementares clarões da existência de Deus com as cenas rememoradas da sua mãe envolta pela fé e pelas orações diárias para proteger o filho que, segundo a sua crença, cumpria suas obrigações militares no campo de concentração para onde fora transferido depois de muitos esforços dispensados... O desencarnado *Rud* começava a mudar o seu quadro mental, fato primário para o arrependimento e para as mudanças positivas na nova caminhada. Mas quanto ainda necessitaria para enfrentar a dura situação antes de voltar-se à luz?

Capítulo XV
A FUGA PARA O RECOMEÇO

Usando nomes falsos e certa quantia em dinheiro, *Hanna* e *Nicolay* conseguiram fugir da Alemanha em um cargueiro saindo da Noruega com destino a Portugal. Atravessaram sem dificuldades o Mar do Norte e o Canal da Mancha. Tudo corria como o planejado e a segunda etapa da fuga seria menos arriscada em solo português, onde permaneceram por quase um mês aguardando a partida do próximo cargueiro que os levaria ao porto de Santos no Brasil.

O regime político brasileiro naquela época era a ditadura comandada por Getúlio Vargas que havia embargado a imigração alemã no país. Por isso, entrariam como clandestinos usando uniformes da tripulação portuguesa.

A soma em dólar paga ao capitão da tripulação para embarcá-los dissipou qualquer interesse em conhecer a verdadeira história. Ele acreditou se tratar de um casamento entre uma alemã e um russo tentando fugir da terrível guerra.

Hanna sofrera bastante durante o trajeto com os enjoos agravados pela gravidez. *Nicolay* adoeceu por causa do estado físico abalado com a escassez de alimentos durante o conflito. Por alguns dias, apresentou um quadro febril que preocupou a equipe de bordo. Temerosos com o contato com qualquer moléstia contagiosa tomaram o cuidado de isolar o médico russo dos demais. Assim, ele permaneceu por quase todo o tempo da viagem.

Hanna, mais uma vez, temeu a solidão e, em silêncio, implorava em suas orações a cura do companheiro. A equipe de Amigos Espirituais escalada para acompanhá--los comoveu-se com as súplicas da sofrida judia, embora, no planejamento de ambos, estivesse assegurado o sucesso da longa trajetória para que, livres de quaisquer perigos, pudessem dar continuidade ao destino já traçado.

Vencido o longo percurso puderam respirar aliviados. A Alemanha já fazia parte do passado. Como eles, muitos fugiram da fome e da destruição. Deixar o país virou a opção mais segura, pois a Segunda Guerra trouxe prejuízos bem maiores do que simplesmente os embargos impostos na anterior.

O sonho do recomeço em solo distante e pacífico moveu milhares de europeus. A adaptação seria penosa. A língua, os costumes, as crenças e as tormentosas lembranças do período negro dificultariam o processo. Mas a vontade de vencer, de reerguer-se juntando o pouco do que restara os levara a deixar a nação aniquilada em todos os sentidos.

Era o fim da linha. O Brasil dos sonhos estava conquistado e a sensação de vitória ecoava no íntimo de cada um dos dois.

— Chegamos, *Hanna*! – exclamou Nicolay com satisfação.

— E agora, como chegaremos ao sul do país? Segundo tia *Bertha*, o navio atracou no porto de Santos muito longe do nosso destino... Estou cansada de ver tanta água. Meu único desejo é descansar um pouco e de preferência em terra firme...

Depois de muito tempo de apreensão e tristeza, o russo sorriu pela primeira vez ao ouvir a menção da moça. Ela também sorriu. Ambos sentiam-se mais leves e mais soltos. Distantes de todos os tormentos vividos experimentavam o aroma tropical com a segurança da paz tão almejada.

— Não se preocupe. Encontraremos o endereço indicado... Prometo que o restante da viagem será por terra! – assegurou pegando-a pela mão. Venha comigo, vamos procurar um lugar para descansarmos... Os dólares que ganhamos da senhora *Bertha* e o idioma inglês que aprendi nos servirão bastante daqui para a frente...

Sentindo-se protegida, a jovem judia deixou-se levar. Seus pensamentos ainda presos ao amado a fizeram desejar que ele estivesse no lugar de *Nick* levando-a para uma nova vida... Mas de repente estranha força a imobilizou, sendo necessário o amparo do companheiro de viagem... Intenso calafrio percorreu todo o corpo da jovem deixando-a enregelada... Arrepios sucessivos e uma avalanche de sentimentos contraditórios dificultaram a respiração.

— O que houve? Não está se sentindo bem?

— Um mal-estar passageiro pegou-me de súbito. Mas já me restabeleci...

Escondeu a verdadeira razão do forte desconforto, evitando magoá-lo depois de tantos cuidados que lhe foram dispensados desde os dias divididos na mansão em Hamburgo. Ainda se sentia sob o efeito da sensação penosa que a acometeu ao lembrar-se de *Rud*. Não sabia a causa daquilo, embora pressentisse que alguma coisa estava acontecendo com o homem que amava. Afastou tais pensamentos e concentrou-se na busca por uma paragem tranquila e discreta...

Encontrar uma pousada próxima ao cais do porto foi mais fácil do que se fazer compreendido. Entretanto, com boa vontade e paciência tudo se resolveu, e o disfarçado casal poderia, enfim, ter uma refeição, um bom banho e um descanso merecido...

Sentiam-se em casa. O temor de serem recapturados pelos monstros nazistas não existia mais, embora ainda certos critérios se fizessem indispensáveis, como, por exemplo: a verdadeira nacionalidade e identidade.

Ela usava o nome de *Helga Günter* e ele, o de *Half Günter*. Genuinamente germânicos como indicavam os documentos que usavam desde a partida da Alemanha. Ciente do embargo político no país tropical, o médico já se preparava para utilizar qualquer desculpa, mentiria se preciso fosse apelando para o estado de *Hanna*. Mas diante dos dólares apresentados como pagamento, o recepcionista mostrou total desinteresse pela origem do casal estrangeiro.

Um só aposento para os dois. Decoração simples e muito asseada, o dormitório continha pouca mobília:

uma cama com roupas limpas e cheirosas, um sofá, uma mesa com duas cadeiras preparadas para a refeição que seria servida e um pequeno banheiro com um chuveiro que jorrava água quente e em abundância, um convite ao relaxamento tão desejado. As paredes pintadas na cor branca exalavam o cheiro de tinta fresca, revelando o recente trato... Na janela, a cortina florida dava graça e alegria ao ambiente.

Dividiriam o espaço como se fossem um casal de verdade, pois era exatamente essa a imagem que deveriam apresentar a todos... Um amontoado de mentiras e dissimulações já fazia parte da rotina dos foragidos da peleja hedionda...

O repasto fora servido com um cardápio verdadeiramente brasileiro: arroz, feijão, bife, batatas fritas, salada de tomate e um refrescante suco de limão. Ou seja, um honroso banquete para aqueles que a muito não se alimentavam devidamente. Degustaram a refeição, ambos admirados com a fartura e o paladar desconhecido, embora bastante saboroso...

Os dois quase não conversaram. Cada um com seus pensamentos voando por caminhos divergentes. *Hanna*, apesar de experimentar segurança e paz, lembrava-se da mãe e do irmão com muitas saudades... Quanto a *Rud*, não esquecia um único segundo e aguardava o dia em que dividiria com ele as delícias daquele hospitaleiro país... O médico russo também se lembrou de sua família aniquilada pela fúria bestial do nazismo... Certo desconforto o atingiu ao pensar que morreram sentindo fome e frio. No entanto, seu coração sofrido começava a palpitar em outro ritmo desde que conhecera a extraordinária mulher que o destino teimou em colocar em seu caminho com a missão de resguardá-la de todos os perigos, mas sem considerar a probabilidade dela se apaixonar por ele...

O cansaço tomou conta da dupla e, entre as quatro paredes que os salvaguardava dos olhares curiosos, o médico russo, educadamente, cedeu o leito à bela e ajeitou-se no estreito divã.

– Tem certeza de que ficará acomodado? – perguntou *Hanna*.

– Pode acreditar! Depois da difícil e longa temporada dormirei feito um anjo... – respondeu sorrindo. Durma bem e, se precisar, não se envergonhe em me chamar...

Por quase uma semana permaneceram instalados na discreta hospedaria; tempo suficiente para conhecerem um pouco da localidade e para saber um pouco mais sobre um dos hóspedes, *Enrico Braggio*, um italiano poliglota que aguardava o dia da partida para o seu país e que muito os ajudou como intérprete... Foi ele quem aconselhou *Hanna* a desistir de viajar pelas precárias estradas até o Sul do Brasil. Recomendando-a a seguir pelo mar, enfrentando as marés e o vaivém do barco pesqueiro que atracaria no porto em alguns dias vindo do Estado do Espírito Santo com escala no Vale do Itajaí, local onde deveriam ficar antes da embarcação seguir...

Enrico serviu de intermediário na negociação do valor da carona e deu todas as coordenadas necessárias para ambos chegarem ao Vale do Itajaí, na cidade desejada... Com tudo acertado, o casal supostamente alemão pôde relaxar e aproveitar os dias finais antes da última excursão pelo mar...

O clima quente era o inverso do da Europa naquela época do ano. Por isso, resolveram passear pelas imediações na tentativa de se familiarizar com o novo país, sem conflito e sem ódio... O cenário era o oposto daquele enfrentado. Não havia explosões, nem os tanques destruindo o que encontrava pela frente; nem aviões com seus paraquedistas armados invadindo as cidades; nem prisões motivadas pelo abjeto preconceito ou as mortes em massa, pelas quais era submetida a considerável parcela europeia...

Maravilhados com a passividade e o senso humanitário dos brasileiros, os observavam na rotina comum enquanto passeavam por uma das praias... As crianças alegres brincavam na areia construindo castelos ou jogando suas petecas. Algumas se banhavam sob os cuidados dos adultos, que, por sua vez, aproveitavam o sol dentro da água ou na orla com suas bebidas refrescantes. Todos, sem exceção, apresentavam em seus semblantes a tranquilidade esboçada nos sorrisos e conversas de felicidade... Que utopia tal cena, para os estrangeiros saídos de um palco sangrento e aterrador!... Pensavam, quase ao mesmo tempo, de como era fácil e salutar uma vida levada aos moldes do povo dos trópicos: sem o ranço europeu que fere e mata em nome do orgulho e do poder cego...

Hanna estava encantada e era tudo o que sonhava para o seu filho. Naqueles instantes esquecia das amarguras que trazia guardadas em seu peito. *Nicolay*, sempre mais cético, também se deixou contagiar pela leveza daquele

povo amigo. Voltando-se para a judia que caminhava ao seu lado, confessou.
– Acho que vou gostar muito de viver nesse lugar!...
– Eu também, *Nick*!

Capítulo XVI
E A VIDA SEGUE...

O enorme barco pesqueiro deixou o porto da cidade paulista no dia marcado. Levava a bordo o casal estrangeiro...

Acomodada na instalação improvisada pelos pescadores, *Hanna* passava a maior parte do dia, pois o balanço quase rítmico da embarcação em alto-mar provocava-lhe enjoos contínuos que aumentavam com o forte odor das toneladas de peixes que também iam sendo transportadas... *Nicolay* se dividia entre os cuidados com a companheira e com a ajuda aos pescadores... Cumpria pequenas, mas importantes, tarefas aprendidas rapidamente dentro do barco, enquanto descobria uma forma de facilitar a comunicação com os brasileiros... Aos poucos o entendimento ia se aperfeiçoando, quase na mesma medida das funções que desempenhava. Quando acontecia uma pausa para o descanso, corria ao encontro da mulher responsável por fazer seu coração bater mais forte nos últimos tempos... Sim, ele estava completamente apaixonado por *Hanna*.

Exultava pelo novo sentimento, mas temia por ser descoberto e mal-interpretado. Respeitava-a acima de qualquer coisa e sabia que naquele doce e sofrido coração morava outro homem...

Sem ter como fugir das fortes emoções experimentadas a cada instante vivido ao lado dela, decidiu por amá-la em segredo e, ainda assim, sentindo-se feliz por poder ter a amizade e a confiança daquela que invadira seus pensamentos reacendendo o vulcão de desejos que adormecera desde a trágica partida de seus familiares...

Com pouco mais de 30 anos de idade, *Nicolay* já havia atravessado muitos caminhos... Descendia de povo marcado pelas diferenças, principalmente nas questões religiosas que abriram precedentes para o surgimento de entraves sociais e políticos. Fiéis às tradições que não se deixava abater e seguia lutando e conquistando no continente escolhido como berço, todavia, não esperava tamanha revolta que culminou no maior genocídio da História. O que mais assustava os judeus era a forma desumana com a qual a Europa escolheu para livrar-se da vergonha da própria incompetência nos vários segmentos da sociedade e, covardemente, transferiu a culpa de todos os infortúnios aos semitas, povo que prosperava financeiramente em solo considerado propriedade exclusiva dos arianos. Tal constatação os feria grandemente, a ponto de fazê-los se esquecer de uma das mais importantes lições religiosas por eles pregadas: "Amai ao próximo como a si mesmo, pois, perante Deus, somos todos irmãos".

Como resultado imediato de tamanha insensatez explodiu o ódio e a destruição...

A perda de todas as conquistas como a família, o merecido título de médico e os sonhos coloridos trouxeram a revolta e o prematuro amadurecimento... Agora, juntava os cacos que restavam de sua indigna condição e refazia-se do baque inesperado. A compensação para ele surgiu com a aparição de *Hanna* em seu novo e triste caminho. Não demorou em distinguir o sentimento que o dominava, porém a impossibilidade de realizá-lo seria uma nova dificuldade que o ensinaria ainda mais...

Para não agredi-la com o amor que nascera somente em seu íntimo, preferiu tê-la sempre como uma amiga e, para isso, não pensou duas vezes em sufocar aquele sentimento sereno e perfeito, que surgira para mostrar-lhe que a vida seguia seu rumo, independentemente das perdas e dores que ficavam pelos caminhos... Porque viver é assim mesmo: entre os altos e baixos que ensinam, modificam e revelam o verdadeiro teor do ser humano depois de cada experiência vivida. E *Nick* era um homem de valioso caráter e um amigo presente; capaz de renunciar o amor e suprimir seus desejos...

Por sua vez, a judia o admirava. Nutria por ele imenso carinho e sentia-se grata pelo amparo que lhe oferecia e tinha para com ele o mesmo afeto antes dispensado ao irmão... Não conhecia os verdadeiros sentimentos dele; todavia, era melhor dessa forma, porque jamais poderia retribuir-lhe o amor que merecia, visto que já pertencia a um único homem.

A vida de ambos tomava um novo rumo, e conforme as palavras do pai da jovem, ditadas em seu sonho: "um ciclo se fechava para dar início a outro". O tempo se tornaria um aliado, pois a sua ação eficaz cicatrizaria as chagas purulentas abertas pela dor da perda, causadas em cada um dos corações feridos...

Impossível seria se esquecer do duro passado, embora o novo ciclo possibilitasse o vislumbre de um porvir mais ameno naquele país repleto de possibilidades... Ele se libertava das amarras que o prendiam ao sentimento de culpa pelo triste destino daqueles que fizeram parte de uma importante etapa em sua existência, podendo por fim, selar um pacto com a nova vida, deixando para trás os traumas sem perder as lembranças que ficariam guardadas eternamente em seu coração.

Depois de alguns dias viajando pela costa do litoral brasileiro chegaram, com o auxílio dos pescadores, ao destino indicado no envelope que continha uma breve carta de *Bertha* apresentando o casal estrangeiro e o pedido de abrigo para ambos até que ela e o sobrinho *Rudolf* viessem juntar-se a todos...

A missiva resumia a situação da Alemanha e contava com a sensibilidade do irmão, *Ludvick Günter*, que deixara a terra natal há muitos anos, mas nunca se esquecera dos que lá ficaram, principalmente de *Bertha*, a única irmã muito adorada.

Quando *Ludvick* e *Gerald* partiram ainda eram muito moços e nos primeiros anos receberam uma única carta trazendo notícias dos parentes. Nela, a mãe contava os últimos acontecimentos, inclusive a fuga de *Bertha* do convento para se casar com um judeu. Como os demais, eles não aprovaram aquela união e por muito tempo desprezavam a ousadia da irmã... Contudo, com o passar dos anos, a saudade tomou lugar de qualquer revolta e desaprovação. E, ao ler as poucas palavras da irmã depois de décadas de distanciamento, a emoção tomou conta do velho homem que não conseguia conter o tremor das mãos enquanto lia o que a irmã escrevera.

– É com prazer que os abrigarei em minha casa! Chegaram em uma boa hora, porque estou precisando de trabalhadores que auxiliem nos campos da lavoura... – falava ele no idioma alemão um pouco modificado pelo dialeto local, embora ainda compreensível. É meu filho quem cuida de tudo hoje em dia, estou muito velho e quase nada mais posso fazer... Se quiserem trabalho, chegaram ao lugar certo...

– Estamos agradecidos pela oportunidade. O senhor não se arrependerá! – garantiu *Nicolay*, utilizando o mesmo idioma.

O velho homem mostrava parte do plantio de hortaliças, cultura que produzia desde os primeiros anos naquelas terras.

Tanto o russo quanto *Hanna* estavam encantados com o que viam... Eram muitos hectares de terras totalmente cultivadas com organização e diversidade. Viam-se de longe as fileiras de hortaliças crescendo belas, resultado do cuidado e da dedicação.

Como haviam combinado ainda na mansão de Hamburgo, omitiriam a verdade que seria revelada por *Bertha* e *Rudolf* quando ali chegassem. Até lá, continuariam usando os falsos documentos e sustentando que eram marido e mulher...

Circularam um pouco mais por entre as plantações. Educados, os recém-chegados respondiam a todas as perguntas daquele senhor que demonstrava boa vontade, apesar da aparência austera... Em determinado ponto da conversa, os dois precisaram conter a raiva ao ouvirem aquele homem com sangue e alma ariana ofender ao povo judeu como se fosse à escória do mundo. Então, entenderam a preocupação da protetora quanto a suas verdadeiras identidades.

Seguiam-no respeitosos e, de repente, *Ludvick* apontou para uma bela construção em estilo europeu que ficava sobre uma linda colina cerca de quinhentos metros de distância do lugar que se encontravam.

– Estão vendo aquela casa no alto do monte? – notando a afirmativa de ambos continuou. Pois bem, é lá que mora *Otto*, o meu filho, batizei-o com o mesmo nome do avô... Uma homenagem que fiz ao meu saudoso pai! – finalizou orgulhoso.

– Excelente escolha, pois o nome é muito bonito – disse *Hanna* lembrando o quanto *Rud* falava do avô.

– Sim, é mesmo. Mas o que desejo dizer-lhes é que a antiga casa que abrigava a família de *Otto* vinha servindo como morada para os empregados e no momento encontra-se desocupada... É simples, mas uma boa residência, toda mobiliada... Se não se importarem poderão ocupá-la pelo tempo que aqui permanecerem...

– Aceitamos a oferta e ficamos muito gratos! – falou o russo mais animado com a possibilidade de ficar perto de *Hanna* em um local exclusivo e onde teriam mais liberdade para serem o que realmente eram.

– Então, está tudo acertado. Agora, vamos entrar. Vocês precisam se alimentar e descansar um pouco, porque sei que foi longa a viagem... Mais tarde mando chamar o meu filho para os acertos necessários... – segurando os dois pelos braços conduziu-os para o interior do amplo casarão.

Com toda a certeza, o tratamento que *Hanna* e *Nick* recebiam do anfitrião não seria o mesmo se ele soubesse que se tratava de dois judeus foragidos. O mais interessante era constatar que as diferenças existem por causa de um estigma arranjado bestamente, pois todos são parecidos na forma física, ou seja, ninguém traz gravada no corpo a sua origem, porque ela não importa quando nos aceitamos como iguais, como irmãos perante Deus. Tolos são os preconceitos e as consequências que derivam deles, porque nenhum valor possuiu quando cerramos os olhos para o mundo e os abrimos em outra dimensão... O que realmente importa são todos os males causados e todos os bens oferecidos ao nosso próximo...

Capítulo XVII
BARREIRAS ROMPIDAS

Era um dia ensolarado e muito quente no vale. *Nicolay*, como de costume, passava a manhã na lida, retornava para o almoço e, em seguida, saía para cumprir a segunda jornada de trabalho que se estendia até o anoitecer.

O tempo escoara rápido desde que ali chegaram, e a gestação de *Hanna* ia adiantada. Faltava pouco mais de um mês para o nascimento da criança e ela enfrentava certas dificuldades para cumprir todas as tarefas diárias no lar que dividia com *Nicolay*. Mas, naquele amanhecer, a falta de ânimo fazia companhia para ela que acordara cismada com um sonho que tivera com seu amado, sua mãe e seu irmão... Parecia tão real quanto o que tivera com seu pai, ainda na Alemanha, embora não tão leve e iluminado...

Ela se viu em um lugar escuro, úmido e repleto de pessoas que rastejavam com expressões revoltantes e carregadas de ódio. Dentre elas, viu *Rudolf* na mesma condição... Tomada pela surpresa assustadora tentou chamá-lo, queria socorrê-lo. Todavia, ele seguia longe num imenso lodaçal. Foram várias as tentativas de aproximar-se e a ansiedade aumentava... *Rud* não a ouvia, nem sequer sentia a sua suave presença... Ia isolado e ligeiro, como se fugisse de algo atemorizante... Por um bom tempo, a jovem ficou a observar a figura do amado seguindo alheio a tudo... A cena deprimente lembrava os porcos vivendo em seu *habitat*... De súbito foi retirada daquele quadro e se viu num imenso campo verdejante com aroma de flores e ar mais rarefeito. Nele se encontrava *Martha*, a sua mãe, e *Yoseph* que, tranquilos, sorriam com sua chegada. Então, experimentou a mesma paz que os envolvia. Continuou buscando em cada canto a figura de *Rud*, mas ele ficara perdido no cenário anterior... Um misto de dor e contentamento a invadiu por segundos. Reunindo toda a força que lhe restava correu ao encontro dos dois que a aguardavam de braços abertos... Depois, veio o despertar. Sem mais sentir o calor do abraço esperado, ela chorou compulsivamente...

Mais calma nos braços de *Nick* ficou até o amanhecer. Os dois conversaram sobre as impressões deixadas pelo sonho incompreensível para a jovem que ainda alimentava esperanças de revê-los bem... Assim, os dois ficaram até a hora de se separarem para a rotina que reclamava suas presenças...

Emocionalmente abalada com o sonho, *Hanna* ficou boa parte das primeiras horas daquele dia sentada na varanda. O balanço ininterrupto da cadeira a acalmou. No entanto, seu olhar permanecia perdido. Não registrava nada que se passava ao seu redor. A mão fina e delicada acariciava a corrente presa ao pescoço, presente valioso que continha a foto do homem amado. Ela já havia decorado em sua mente cada detalhe do retrato e nem precisava mais olhá-lo, bastava, simplesmente, fechar os olhos para vê-lo nos mínimos detalhes. E era exatamente isso que fazia quando *Nicolay* se aproximou...

Preocupado com o estado de saúde da companheira, pediu permissão ao patrão para visitá-la rapidamente. O som das pesadas botas pisando o assoalho da varanda a trouxeram de volta à realidade.

– Você aqui a essa hora? – indagou, surpresa.

– Vim saber como está se sentindo e se precisa de algo?

– Está tudo bem comigo, não se preocupe... – fez menção de sair da cadeira, mas foi detida por ele. Deixe-me apanhar um refresco para você...

– Fique quietinha. E deixe que eu mesmo pegue! – garantiu.

Quando retornou, ofereceu um copo à *Hanna* que aceitou sorrindo. Livre, momentaneamente, do triste clima de recordações ajeitou-se na cadeira e prestou mais atenção no homem que dividia tudo com ela nos últimos tempos.

Nick, a certa distância, apoiava-se no parapeito da varanda, enquanto bebia o refresco. Silencioso, olhava a imensidão de terra cultivada e não notou que estava sendo observado pelos olhos carinhosos da companheira que o imaginava como um homem tão culto e com um título de médico podia se sentir feliz cultivando as terras de terceiros, trabalhando como empregado em troca de um lar e o baixo salário que lhe fora oferecido. Com certeza, aquela situação figurava o paraíso comparado ao inferno ardente da Alemanha. Mas o desprendimento daquele raro homem era algo fora do normal... A ausência da ambição que encontrara nele a enternecia tanto que a fazia se lembrar de seu pai, um homem como *Nick*, que trabalhava com amor a fim de sustentar seus protegidos, cujo enriquecimento nada mais era do que o resultado natural do seu esforço.

O médico russo possuía conhecimento e um histórico de anos dedicado a se preparar para uma carreira quase divina: a de salvar vidas. No entanto, estava ali à sua frente, vestido como um trabalhador do campo, demonstrando em seu semblante, serenidade e contentamento.

A jovem judia desconhecia o verdadeiro motivo para tanto equilíbrio e paz interior, que nada mais era do que a presença dela na reconstrução de sua vida... Título, diploma, *status* e reconhecimento nada significavam depois de tudo que suportara durante o tempo em que viveu no gueto e de todas as coisas mais desumanas que presenciou... Um período que tentava apagar da memória, amenizado com a chegada da doce criatura que o destino lhe presenteou...

O mês seguinte chegou trazendo grandes alegrias para os estrangeiros e considerável transformação na situação espiritual de *Rud*... *Hanna* entrava em trabalho de parto em uma linda madrugada de lua nova... *Nicolay* sem condições emocionais de realizar sozinho o parto correu para buscar a parteira que morava a poucos quilômetros dali, deixando-a aos cuidados da esposa de *Otto*... Ia pelo caminho pedindo ao Divino que protegesse a mulher e a criança que logo receberia a luz do mundo...

Depois de muitas horas de dor e esforço, *Hanna* deu à luz *Erick*, um lindo e saudável menino que encheu de contentamento a casa e todo o vale onde se situava o sítio da família *Günter*...

No instante do nascimento da criança, uma intensa luz envolveu *Rudolf* desenhando em sua tela mental algumas imagens que não eram muito nítidas. Entretanto, conseguiu distinguir vagamente *Hanna* e um menino recém-nascido em seus braços. Aquela fora a primeira vez que visualizava o semblante da mulher amada...
Ele caiu de joelhos e pediu perdão por todos os seus erros e pelo mal que causara a tantas pessoas em razão de sua cegueira egoísta... Implorou ao Alto que o tirasse daquele ambiente horrível e chorou como nunca havia feito em toda a sua vida. De súbito toda a história de sua última existência passou diante de seus olhos: a cena de seu nascimento, infância, adolescência, a vida militar, o encontro com *Hanna* e todo o restante até surgir a derradeira imagem que foi a de seu enforcamento... Sem que pudesse ver, ao seu lado estavam alguns espíritos socorristas acompanhados de duas figuras mais elevadas, sendo uma delas, o pai da jovem judia.
Uma força que aumentava gradualmente o dominou por completo, sem resistir permitiu que o envolvesse... Mãos invisíveis o amparavam e o conduziam para um lugar de refazimento... Ele fora socorrido e a oportunidade de se recuperar, se reequilibrar e de aprender dependeria exclusivamente do seu esforço, mas para que o forte elo de

amor deixado na Terra não prejudicasse o seu despertar, ele foi induzido ao sono e assim ficaria por um tempo indefinido...

Transcorriam-se os meses. *Erick* crescia com saúde e muito apegado aos carinhos maternos e a *Nicolay* que, para ele, representava a figura do pai... A atenção deles tornara-se quase exclusiva para o bebê que necessitava de todos os cuidados.

Foi exatamente neste momento vivido, logo após o nascimento da criança, que *Hanna* iniciou as suas atividades mediúnicas.

A mediunidade é um processo natural ao qual todo ser humano está submetido, embora a intensidade e a modalidade das manifestações dependam da bagagem de cada um. Em *Hanna* revelou-se a sonambúlica, na qual a conexão ocorre durante as horas de sono.

A comunicação entre encarnado e espírito se completa de muitas formas, com ou sem o uso dos cinco sentidos, além do entendimento normalmente ocorrido nesses casos, cujos objetivos são os de esclarecimento...

Sem ter consciência, ela deixava o seu leito e ia ter com seres invisíveis, segundo as observações de *Nicolay*. Para ele, um homem da ciência, os momentos de sonambulismo que acometiam a companheira seriam fatos normais, não fossem os longos diálogos que ela travava com, aparentemente, ninguém. Mas o teor das conversas demonstrava intimidade familiar e sucediam-se obedecendo à sequência comum às confabulações travadas entre duas pessoas afins.

— Com quem *Hanna* conversava tão descontraidamente? — ele se perguntava ao observá-la durante os seus passeios dados durante esse estado.

Certa vez, o médico, não conseguindo conciliar o sono, lia antigo artigo da área médica contido em uma revista encontrada no pequeno depósito de quinquilharias do sítio. De repente, avistou a figura feminina vagando pela casa, ia em direção à varanda. Alheia a tudo, mantinha-se sob o efeito do sonambulismo. Profundo conhecedor dos efeitos causados por aquele fenômeno, achou por bem não despertá-la bruscamente, evitando um sobressalto que a levasse às consequências comuns, como um mal súbito ou algo mais grave...

A jovem mãe continuava sua trajetória até alcançar a ampla varanda iluminada pela luz lunar... Chegando lá, abriu um lindo sorriso demonstrando a alegria de reencontrar alguém muito querido, em seguida a conversa iniciava-se e mantinha-se no idioma *Iídiche*, muito utilizado pelos judeus nascidos na Alemanha...

Nick observava atônito. O grau de envolvimento que *Hanna* revelara naqueles momentos era, no mínimo, preocupante para ele que quase nada entendia sobre aqueles debates, além da pouca experiência com casos semelhantes. Ela alternava seu estado emocional naqueles momentos. Ora parecia feliz e leve, ora caía em profunda tristeza, banhada pelo pranto incontido, confundindo o bom amigo que a distância analisava a cena inusitada... O que ele não sabia ainda, como a maioria dos céticos, era que ali se realizava um intercâmbio entre os dois planos. Pai em espírito e filha se reencontravam graças aos poderes dos mecanismos mediúnicos que trazem notícias, instruem e elevam os seres universais...

Assim começou o processo de despertamento da jovem judia... O tênue véu que encobre a realidade inquestionável da sobrevivência dos homens além-túmulo e das condições variadas em que se encontram revelava-se tímido e cuidadoso, obedecendo à Suprema Vontade de Deus...

Capítulo XVIII
NOTÍCIAS DA GUERRA

A vida seguia a marcha do tempo e o ano de 1945 rompia trazendo modificações, revelando mágoas, cicatrizando feridas...

A Força Expedicionária Brasileira encontrava-se na Itália para com os Aliados somar esforços contra o maior conflito da História, cujas consequências ficariam marcadas para sempre... O fim de tamanho desatino estava próximo e as notícias alcançavam todos os continentes, aumentando as expectativas e o pesar pelos resultados negativos ainda desconhecidos em sua totalidade...

A maioria dos envolvidos aguardava ansiosa pelo desfecho do triste espetáculo, cujo palco sangrento estendia-se por boa parte do território europeu, onde as cidades tornaram-se cenários improvisados da fúria humana... E, com a derrota da Alemanha, cada vez mais encurralada, o fim da memorável destruição seria uma questão de tempo... Movida por essa certeza, a população dos quatro cantos do mundo juntava-se aos imigrantes daquela parte afetada, para vibrar pelo sucesso das ações dos Aliados...

No Sul do Brasil *Hanna* e *Nicolay* uniam-se, ainda utilizando suas falsas identidades, juntavam-se à grande e invisível corrente vibratória... A queda de *Adolf Hitler*, visto como o principal condutor daquele processo de loucura arquitetado pelas forças do mal, era, com certeza, a única solução naquele momento crítico que a Humanidade experimentava...

Os meses seguintes foram de grandes perspectivas quanto ao fim do conflito, e eles chegaram trazendo paz para milhões de corações aflitos... A notícia se espalhava como um alegre prêmio conquistado, embora o saldo negativo assombrasse todos os povos. Apesar dos pesares era o fim de um período trágico e a comemoração era sentida por toda a parte... Dentre as muitas novidades surgidas naquele ano, uma delas tornou-se a mais importante para a pequena porção territorial brasileira que se tornou refúgio seguro para o casal foragido: a carta de *Bertha* endereçada ao amado irmão que há anos não via...

Com as mãos trêmulas e o coração acelerado, *Ludvick Günter* seguia a passos firmes, e, ao seu lado, ia o filho. Ambos caminhavam silenciosos pela trilha florida que dava na casa do casal amigo de *Bertha*.

No firmamento, o lindo entardecer já dava passagem para a noite que se anunciava com as primeiras estrelas visualizadas... A longa missiva, colocada no bolso da camisa de *Ludvick*, trazia os últimos apontamentos da distante terra deixada para trás quando, em anos precedentes, ele e o irmão se aventuraram pelos mares na esperança de uma nova vida... Concretizados os anseios, depois de muitos esforços, encontraram na pátria que os recebera de braços abertos, tudo o que almejaram para se tornarem homens felizes e realizados, não obstante, as lembranças da infância e da vida com a família jamais foram esquecidas... Em cada oportunidade de encontro com o irmão *Gerald*, a conversa sempre acabava nas recordações de inesquecível época, o que rendia horas de conversas e saudosas lágrimas...

O caminho que os levava ao casal interessado na novidade havia sido percorrido... Poucos minutos restavam para que ficassem a par de tudo que ocorrera na Europa após a fuga necessária.

A alegria pelo contato de *Bertha* fora compartilhada igualmente e, ansiosos, receberam o envelope que continha o fiel relato da situação.

Convidados a se acomodarem nas cadeiras dispostas na varanda, *Nicolay* iniciou a leitura em voz alta. A emoção manifestada pela voz embargada dificultara nas primeiras linhas traçadas, nas quais a querida amiga revelava o amor e a saudade do irmão afastado...

Hanna, sentada ao lado do companheiro, não movia um músculo do corpo, pois a angústia de saber notícias de *Rud* a dominava completamente. *Nick* não estava indiferente ao que se passava com ela e, secretamente, temia pela possibilidade de ter que se afastar dela, caso o seu rival viesse encontrá-la como prometera... *Otto* e o pai já conheciam o conteúdo, mas respeitosos ouviam a leitura... O único indiferente aos acontecimentos era o pequeno *Erick* que, a certa distância do grupo, balbuciava algumas palavras enquanto se distraía em sua cadeirinha de balanço...

Lido o primeiro parágrafo exclusivamente dedicado a *Ludvick*, a bondosa criatura, responsável por muitas vidas salvas naquela guerra odiosa, iniciou o relatório completo dos derradeiros episódios na destruída Alemanha.

"(...) Querido irmão e amigos, a nossa Alemanha, berço que nos viu nascer, não é mais a mesma... Triste visão que contraria as mais sublimes aspirações de um povo orgulhoso de suas origens, perdido na ilusão de um demente covarde que ora jaz no solo nunca merecido... A guerra chegou ao fim, graças aos céus!... Entretanto, nossos compatriotas ainda contabilizam os prejuízos, que garanto serem incalculáveis. Há ruínas para todos os lados tornando-se desnecessário enumerá-las, pois, por mais que me esforçasse não poderia descrevê-las... Nem mesmo nos meus pesadelos mais terríveis encontrei semelhante paisagem... Refiro-me à aniquilação quase total da arquitetura cuidadosa das construções diversas, mas também não posso deixar de mencionar os milhões de seres humanos, vítimas da insanidade delirante e doentia daquele ditador anticristão, cujo nome me recuso citar... Tanto ele quanto sua mulher, Eva Braun, se mataram dentro do bünker em Berlim, após a chegada do Exército Vermelho, no último trinta de abril... Nos dias seguintes, outros membros e famílias de sua cúpula também usaram o suicídio como o único caminho de fuga... O anúncio das mortes provocou o fim da resistência da Wehrmacht, que continuou lutando apesar da inevitável derrota, em meio à gigantesca desproporção de forças e dos constantes bombardeios dos Aliados... Foi o fim do sonho milenar de um império, de um ideal maquiavélico e de uma era de terror... Como herança, nosso povo sofre a vergonha e o peso da culpa

que teremos que carregar por longo período. Triste estigma que nos transformou em monstros criados pela covardia da conivência cega e muda...

"Oh, minha pátria querida, tornou-se indigna de meus passos e de meus sonhos!... De ti me aparto, embora a contragosto... Mas como permanecer no mesmo chão coberto pelo sangue de tantos irmãos inocentes? Impossível...

"Sinto-me, ao mesmo tempo, órfã e liberta de um pesado fardo de humilhação produzido pela falsa ideia de superioridade racial a qual nunca acreditei.

"Fico me perguntando como um povo tão culto se deixou levar por questões completamente absurdas, quando realizadas criteriosamente... Nossa nação antes poderosa, graças à desenvolvida intelectualidade, se abastardou, tornando-se uma terra de incultos ignorantes que deixaram de racionar, sendo comandada pelos impulsos mais vis que um ser humano pode ter...

"Difícil, nesse momento, sonhar com uma restauração tranquila. De minha parte, sem possibilidades... Tudo o que pude fazer pelo meu povo já foi feito. Guiada pela minha intuição e pela crença na Humanidade, corri na contramão da causa ariana... Lutei como pude na tentativa de amenizar o quadro terrível que se instalou... Sequei lágrimas; tratei várias feridas; saciei necessidades e fiz amigos... Poderia ter feito mais, não fosse o encalço dos nazistas que enfrentei tão logo se deu a partida de meus queridos amigos enviados aos seus cuidados, amado irmão... Acuada, tive que fugir deixando o meu adorado lar, construído carinhosamente por meu Kaleb... Escondida na floresta, eu permaneci sob a proteção de alguns judeus da resistência... Sobrevivi às mais adversas

situações que me ensinaram a ser mais forte. Foram longos meses de fuga... Grande ironia, não é mesmo, Ludvick? Eu, na visão dos nazistas, uma autêntica alemã tendo que fugir para não morrer nas mãos de outros legítimos arianos... Foi graças à minha popularidade entre os judeus que minha vida foi salva... No final de tudo, restou-me apenas uma certeza: deixar meu país assim que o tormento acabasse. A derrota era certa e toda Europa foi tomada pelos Aliados em ações sucessivas e definitivas promovendo a paz e restabelecendo a ordem.

"*Já sem o perigo iminente, pude, como todos, retomar minha vida. Mas preferi manter a decisão de partir. Não há mais lugar para mim na Alemanha, não depois de tudo o que houve e de tudo o que perdi... Na verdade, perdemos todos... Restou-me o alento de revê-los, e com tal intuito deixei a nação destruída... Surpreendida com a rara beleza desse lugar tropical apaixonei-me tão logo aqui cheguei... Abençoada terra, feliz povo que não conhece o lado sombrio da guerra e suas consequências...*

"*Aqui me encontro, meu irmão, no chão que sabiamente escolhestes para fincar suas raízes... Segui o mesmo roteiro de muitos compatriotas e há uma semana encontro-me no sudeste do Brasil... Faço parte de um grupo de europeus desiludidos e sofridos pelos anos de humilhante escassez, moral e financeira. Aguardamos a chegada do transporte que nos levará, por terra, ao Sul do país. Enquanto isso, estamos nos adaptando ao novo clima e costumes diferentes... Sorrimos com tantas surpresas e choramos por nossas desditas e pela saudade daqueles que lá ficaram tombados ou mesmo enfrentando a complicada reconstrução...*

"Em poucos dias estarei chegando à sua casa, como uma retirante a pedir abrigo, irmão... A ansiedade aumenta conforme os dias avançam e a saudade acalentada de anos começa sua contagem regressiva... Revê-lo e poder abraçá-lo depois dos longos anos de separação será uma luz no meu escuro coração... Estar outra vez em sua companhia e na dos meus fiéis amigos figura-se como um prêmio divino, talvez, um merecimento depois de tantas desilusões... Meu desejo é único: quero poder, um dia, quem sabe, olhar para trás e ver que tudo o que passei ficou no passado e que este não me arranque mais as lágrimas amargas, atual companheira dessa irmã que tanto lhe ama...

"Sem mais, embalada pela emoção das confissões...
"Bertha Günter Golim
"São Paulo, 25 de novembro de 1945".

A leitura da carta terminou mediante a emoção de todos. *Bertha* já estava no Brasil. Cada um deles acalentava suas próprias emoções. *Nicolay* ficara feliz pelo futuro reencontro com sua amiga que muito lhe auxiliou. Entretanto no fundo temia com a chegada dela, pois sabia que na sua companhia deveria vir *Rudolf*, como o combinado... Com a chegada de seu rival, acabaria a esperança de conquistar o amor de *Hanna*.

Ela, por sua vez, via mais próximo cumprimento das promessas do amado no dia que se despediram no campo de Treblinka. Contudo, a falta da menção do nome dele apertou seu peito de uma forma inexplicável, e uma dor física, mas invisível, dominou-a por completo...

Ludvick, alheio aos segredos que os envolvia, apenas vibrava com a chegada da irmã e logo partiu levando consigo a carta...

Capítulo XIX
A DIFÍCIL NOTÍCIA

O aviso da chegada de *Bertha* possibilitou a todos se prepararem com antecedência. O anúncio modificou a rotina dos moradores da terra prometida, refúgio seguro e distante para muitos que deixaram a arena alarmante... Grande correria em torno dos preparativos dispensados para receber uma das sobreviventes do maior desastre da Humanidade, segundo a longa confissão registrada nas linhas enviadas, dando a mínima noção das condições em que se encontrava a recém-refugiada.

O irmão aflito fazia questão do melhor e tanto a esposa quanto o seu filho *Otto* não mediam esforços para atender a todas as exigências do patriarca. *Hanna* era a mais angustiada dentre todos, pois seus pensamentos fervilhavam com a falta de notícias de *Rud*, o que aumentava bastante as incertezas quanto ao reencontro tão aguardado... Não encontrava paz naqueles dias, fazendo o fluxo sanguíneo intensificar-se e causando um significativo descompasso em seus batimentos cardíacos. Atenta a toda movimentação não perdia ninguém de vista e, ansiosa, contava os minutos que restavam para rever a mulher que traria mais detalhes sobre a prometida mudança do amado para juntar-se a ela e ao filho... A decepção avizinhava sua sofrida alma, misturando diversas sensações cautelosamente escondidas em seu íntimo. Algo estava fora do lugar, fora de sintonia... Ignorava a verdade já revelada em suas experiências sonambúlicas e, não querendo enxergar o que sua mediunidade captava em tais instantes, suprimia-a buscando proteger-se da dor infinda que se prenunciava...

O dia tão aguardado chegou. Foi no fim de tarde quando o sol irradiava tímidos raios por detrás de uma das frondosas montanhas esculpidas naquele vale, que estacionou no portão a charrete de aluguel, meio de transporte comum naquele vilarejo de íngremes estradas que cortavam aquela porção de terras brasileiras. Nela, vinha uma franzina figura feminina, cujo físico visivelmente abalado, denunciava os meses de luta pela sobrevivência nas florestas europeias...
O idioma fora o maior entrave e foi somente pelo endereço rabiscado em pequeno pedaço de papel que alcançou o destino. O condutor, muito educado e prestativo, ajudou-a no desembarque e de lá só se afastou depois que a viu sendo recebida de braços abertos.
Ludvick foi o primeiro a cumprimentá-la, em meio às lágrimas de saudades e contentamento... Os espectadores, também mexidos pela emoção, esperavam pelas apresentações. Tanto *Nick* quanto *Hanna* faziam parte da plateia enternecida.

Foi um choque para a judia vê-la chegar sozinha, por isso se manteve silenciosa e a certa distância segurando em seus braços o pequeno rebento.

O médico russo seguiu em direção aos demais. Alheio ao turbilhão de emoções experimentadas pela mulher amada, parou diante da criatura mais humana que conhecera na Alemanha e não pôde ficar indiferente às mudanças que os últimos tempos operaram nela... Apesar de aparentemente mais envelhecida, o olhar de *Bertha* ainda transbordava a mesma serenidade de sempre... Diante de um de seus protegidos balbuciou algumas palavras no dialeto *Iídiche*. A voz embargada dele articulavam palavras que saíam sôfregas após múltiplo esforço para vencer a comoção causada naquele comovente momento.

– Que alegria poder reencontrá-lo, meu amigo!...

– A alegria é toda minha... – respondeu *Nick* sentindo forte enlevo apoderar-se dele como num todo.

Hanna aproximou-se temerosa. Desconhecido desconforto apertou-lhe o peito, a boca seca e o nó na garganta impediam quaisquer menção. A exultação diante da presença amiga não possuía o poder para abafar a decepção que sentia pela ausência de *Rudolf*. Somente um motivo muito forte o impediria de estar ali, e era exatamente a causa daquele obstáculo que buscava, em segundos, descobrir...

Bertha sorriu meigamente ao avistá-la trazendo um lindo menino que, ao certo, seria o seu sobrinho-neto concebido no campo de concentração. Sobressaltou-se ao notar a grande semelhança existente entre aquela criança e o seu irmão *Klaus* quando tinha a mesma idade. Muitas lembranças de um passado distante ressurgiram de repente remetendo-a aos tempos da infância...

Instintivamente abriu os braços para receber neles a linda criança... Apertando-a contra o peito deixou escapar a frase no idioma alemão:

– Meu pequeno, como você se parece com seu avô *Klaus*...

Ludvick, ao ouvi-la, também se aproximou buscando ver na criança a semelhança citada sem nada entender sobre o comentário da irmã.

Percebendo que fora traída pelo abalo inesperado, voltou-se para o irmão.

– De repente me vi ainda menina, nos nossos momentos vividos em família... Você ainda guarda alguma recordação daqueles tempos?

– Guardo cada passagem em minha memória e em meu coração! – assentiu o velho homem calejado pelo tempo e pela definitiva separação da família. Mas você se referiu a essa criança como neto de nosso irmão caçula...

– A longa viagem deve ter me confundido e avariado meus pensamentos... – desculpou-se com um tímido sorriso.

Convencido com a explicação conduziu-a para o interior da residência. Todos seguiram num cortejo vistoso e falante, com exceção da silenciosa *Hanna*.

Já era noite, e o cansaço não estorvou a longa conversa familiar... Todos participavam impossibilitando qualquer diálogo mais íntimo entre a imigrante e a jovem judia. Era imperioso manter total descrição. Todo cuidado era pouco quanto à verdadeira identidade e origem do jovem casal que ali aportara... Entretanto, em um determinado momento durante a ceia, *Ludvick* quis saber notícias da família do irmão *Klaus*.

Bertha pensou rapidamente em um meio de contar a verdade sem assustá-los.

— Nosso irmão *Klaus* e sua esposa *Gertrude* morreram vítimas dos desmandos do nazismo... Por ironia, o único filho deles, *Rudolf*, era um dos oficiais do exército nazista...

A notícia causou assombro a todos que quase ao mesmo tempo exclamaram pesares acerca do trágico fim. *Ludvick* esmurrou a mesa exteriorizando o desprezo ao regime ditatorial que muito mal causou aos seus entes queridos e à nação distante.

Hanna, perplexa, condoeu-se pela perda que sofrera seu grande amor e, com isso, atribuiu ao fato o motivo por *Rudolf* não vir para o Brasil com a tia. Pensou em quanto deveria ter sofrido e culpou-se por estar tão longe dele num momento tão difícil...

A notícia pôs um fim no moroso silêncio, e sem mais se conter quis conhecer mais detalhes.

— Há quanto tempo ocorreu essa desgraça com seus parentes e como se deram as mortes?

— Minha querida, eu soube dos falecimentos meses depois, porém tudo indica que os dois partiram há aproximadamente uma semana depois da vinda de vocês para cá... Por falta de maiores detalhes não posso precisar como se deu tamanha infelicidade... Graças à minha amizade com alguns oficiais contrários aos desmandos nazistas, eu recebi a consideração de ser comunicada, ao contrário da maioria da população que perdeu seus entes na maldita guerra...

Todos silenciaram. A jovem semita não conheceu os pais de *Rudolf*, mas sabia do amor e da admiração que o amado nutria por eles e do quanto deveria ter sido dolorido perdê-los daquela forma...

A única dúvida ainda era a falta do cumprimento da promessa feita por ele na despedida, porque nada mais restava na Alemanha, nada que o prendesse naquele país. Nem mesmo sua posição como oficial da *SS* fora preservada com a derrota para os Aliados... O tempo passara e já havia cicatrizado a ferida aberta pela desencarnação dos pais.

– O que mais o prendia na Europa? – pensava ela buscando explicações para o vazio deixado com a falta dele.

Por segundos, uma nuvem negra vagou por sua mente levando-a considerar a existência de outra mulher na vida de *Rud*, fazendo-a pensar que somente por causa de outro amor ele seria capaz de esquecê-la em lugar tão distante...

– Mas o que aconteceu com a eternidade que juravam nos momentos de intimidade? – pensou *Hanna*, lembrando-se das confissões sinceras que trocaram tantas vezes no breve período dividido por ambos.

Angustiada, tentava em vão encontrar justificativas. Sem resultados convincentes via seus sonhos ruírem sem abranger os novos caminhos que o destino apresentava-lhe. A idealização do amor verdadeiro somado ao grande desejo de vivenciá-lo longe dos horrores da guerra envolveu de neblina seu inconsciente criando um mecanismo protetor que evitava causar-lhe atroz sofrimento com a condição espiritual de seu amado...

Somente *Bertha* poderia retirá-la daquela ilusão, visto que o poder da mediunidade com as constantes aparições do espírito paterno não fora capaz de fazê-la compreender a real situação.

A revelação da desencarnação de *Rudolf* não tardava. Em questão de horas, tudo se transformaria nas vidas de *Hanna*, de *Nick* e do pequeno *Erick*...

O dia seguinte amanheceu nublado e triste. O tom acinzentado das nuvens que pairavam no firmamento combinava com o estado de espírito de *Bertha* que amanheceu decidida a contar sobre a tragédia que resultou na morte do sobrinho.

Logo que terminou o desjejum despediu-se com o pretexto de querer visitar o casal amigo antes de sair para conhecer o sítio e os arredores na companhia do irmão. Desculpou-se, mas dispensou qualquer companhia, pretendia ir sozinha visitá-los.

No caminho, foi rezando. Pedia a Deus força e coragem para cumprir a difícil tarefa de levar a fatídica notícia. Seria ela a portadora de tamanha desdita, por isso seu semblante estava carregado de dor e pesar.

Ainda era muito cedo e *Nick* se preparava para mais um dia de trabalho. Afetado pela pesada sombra que se instalara na Alma da companheira, acordara cabisbaixo naquele dia. Vê-la tão deprimida fazia-o sofrer, tanto que se culpava pelo alívio sentido em não ver seu rival adentrando no lar que tomara como seu. Perder *Hanna* seria o fim definitivo para ele, mas de tanto que a amava seria capaz de renunciar o verdadeiro sentimento que nutria em prol da felicidade dela... Seria capaz de tudo por aquela mulher tão especial, tão poderosa e intensa... No entanto, não encontrava meios para mudar a realidade. Assim, preferiu manter-se calado e distante até que o tempo acalmasse o sofrimento causado naquela bela Alma feminina...

Ele já se dirigia à porta. Sairia sem se despedir, porque mãe e filho ainda dormiam abraçados.

Surpreendeu-se ao ver *Bertha* parada na varanda. Não esperava aquela visita e, sem saber o que fazer, apenas sorriu.

– Bom dia, *Nicolay*! Sei que ainda é muito cedo, mas ansiava por essa visita... Não me convida para entrar em sua casa?

– Desculpe-me... Entre, por favor! – respondeu enrubescido. Aceita um café? Acabei de coá-lo...

– Muito obrigada. Já fiz meu desjejum... Onde está *Hanna* e o menino?

– Estão no quarto. Vou avisá-la de sua chegada. Aguarde um minuto, por gentileza.

Minutos depois, Hanna chegou trazendo o filho ainda sonolento.

– Bom dia, tia *Bertha*! Nem acreditei quando fui avisada de sua visita...

— Bom dia, minha querida! Devo desculpas, pois vim sem avisá-los...

— Não se preocupe com etiquetas, nossa casa também é sua! – respondeu *Nick*, sorrindo.

Bertha olhava-os com imensa ternura e via como formavam uma linda família. Intimamente torcia para que durante o período de convivência pudessem ter se apaixonado um pelo outro, facilitando a missão que lhe imputava naquela manhã.

— É uma casa muito aconchegante. Vejo que estão bem instalados e com suas vidas em ordem...

— É verdade... Devemos tudo isso à sua bondade! Aqui não nos falta nada: temos um teto, trabalho e uma vida tranquila... – assegurou *Nick!* Venha, vamos lhe mostrar o restante da casa.

— Quero conhecer sim, mas não os atrapalho?

— Nunca. Depois explico ao senhor *Otto* sobre a minha demora... Estou certo de que ele entenderá...

— Então, vamos conhecer a moradia de meus queridos amigos! – exclamou a senhora oferecendo os braços para que a conduzissem.

Depois da excursão pelo interior da residência, o pequeno grupo acomodou-se na varanda para uma conversa amistosa, como costumavam fazer. Todavia, naquela ocasião seria tudo bem diferente dos costumes. *Bertha* procurava uma maneira de dar início à revelação. Vendo *Erick* mais desperto aproveitou para entrar no assunto.

— Como o pequeno *Erick* é bonito e saudável! Meu sobrinho se orgulharia em conhecê-lo...

Nick ficou sem jeito e buscou em *Hanna* um apoio socorrista. Ela suspirou aliviada e grata por poder, enfim, saber do paradeiro de seu único amor.

— Desde sua chegada anseio por saber notícias dele e não vi condições para perguntar-lhe.

— Imaginei, por isso vim tão cedo e sozinha... — respondeu a boa senhora. Na verdade, dei asas à minha imaginação esperando que vocês estivessem juntos de fato, me compreendem?

Os dois se entreolharam e surpresos com a confidência ficaram sem resposta. Foi ele quem primeiro falou.

— Eu e *Hanna* somos apenas grandes amigos. Vivemos como um casal, conforme o combinado... Todos por aqui acreditam que somos casados e que *Erick* é nosso filho, mas posso lhe garantir que nunca existiu nada de mais íntimo entre nós... Sempre a respeitei, como também respeito o sentimento ela que nutre por seu sobrinho... — finalizou em tom sincero.

— Compreendo e acredito no que me fala, embora lamente por isso...

— Como assim? — perguntou *Hanna* surpresa, e diante do silêncio da visitante insistiu. Há alguma coisa acontecendo? Por que *Rud* não veio ao meu encontro?...

Vendo que a jovem ainda o esperava experimentou enorme dificuldade para contar-lhe sobre o cruel destino do oficial nazista eliminado. Suspirou profundamente sem conter algumas lágrimas furtivas. Apertou com força a almofada que segurava em seu colo e decidida começou a narrativa.

— *Rudolf* não pôde vir e nem poderá... Confesso que, ao me dirigir até vocês nessa manhã, vim rezando para criar coragem, como também pedindo a Deus que os encontrasse vivendo um casamento de verdade...

— Para que precisa de tanta coragem? — *Hanna* tremia dos pés à cabeça. Por que falou que *Rud* não poderá vir?... Conte-me tudo, por misericórdia!... Eu espero por ele a cada segundo desde o dia em que nos despedimos...

— Acalme-se, *Hanna*, dê um tempo para que ela possa falar... — aconselhou o companheiro com o mesmo carinho que sempre a tratava.

— Obrigada, meu querido. Preciso mesmo de tempo, pois o que tenho a falar não é nada fácil... — a breve pausa pareceu uma eternidade. Lembram-se da conversa de ontem quando falei da morte de meu irmão e da esposa? — com a afirmativa de ambos continuou. Pois bem, tudo aconteceu depois de sua fuga do campo de concentração... — disse olhando para *Hanna*. Não é mais segredo para ninguém que os judeus eram levados para os campos para serem exterminados nas câmaras de gás ou pela exaustão nos trabalhos escravos; esse seria o seu destino... Mas, graças ao amor de meu sobrinho e da coragem em salvar sua vida, hoje você se encontra aqui, sã e salva, criando o fruto do grande amor nascido naquele ambiente tão hostil... A narrativa fora pausada por segundos. Os dois ouvintes não moviam um só músculo tamanha era a atenção na narradora. Quando o comandante do campo descobriu sobre a fuga do grupo de judeus a que você fazia parte, nosso querido *Rudolf* tornou-se o principal suspeito...

— Eu temia por isso e o avisei sobre o perigo que corria... Ele se tornou um prisioneiro de guerra, não é mesmo? – indagou completamente abalada.

— Antes ele tivesse se tornado um prisioneiro, porque nessa altura dos acontecimentos estaria livre e considerado um mártir por salvar alguns judeus da morte...

— Então, se não foi esse o destino do seu sobrinho, o que aconteceu com ele? – era *Nick* que interrogava.

Com lágrimas a escorrer pela face, *Bertha* finalizou.

— Ele foi considerado um traidor dos ideais nazistas e pagou com a própria vida... Condenado, morreu na forca no dia seguinte à sua fuga, bem como todos os outros que participaram do plano que retirou o pequeno grupo das garras mortais... Uma semana depois, os pais de cada oficial e qualquer outro parente encontrado tiveram o mesmo destino e foram sumariamente executados... Eu? Eu tive sorte e não me encontraram de imediato, mas logo após a vinda de vocês para o Brasil fui informada de que a *Gestapo* e *SS* estavam em meu encalço. Por isso, fugi para a floresta e lá fiquei até a guerra acabar... Sinto muito, meus queridos, mas *Rudolf*, seus amigos e familiares estão todos mortos!...

Hanna, a princípio, não reagiu. Parecia não acreditar no que ouvira, mas, de repente, uma reação incomum tomou conta da jovem que começou a tremer sem parar, enquanto repetia incessantemente a frase.

— O meu *Rud* está morto!...

Minutos depois, tudo ficou escuro à sua volta e, em seguida, caiu desfalecida.

Quando despertou estava em seu leito, mas já não era mais a mesma de antes.

Como enfrentaria a nova realidade sem o seu grande amor, sabendo que ele morrera para salvá-la?

Capítulo XX
A DOR DE *HANNA*

Depois da longa espera, enfeitada com o sonho do reencontro; do vazio imposto pela distância; de tantas expectativas nas noites sem sono, quando a saudade fazia morada; de alimentar todas as lembranças guardadas na memória como um tesouro secreto recheado de esperanças, tomar ciência da morte de *Rudolf* foi um golpe infausto para aquele coração feminino, tão cansado de tantas perdas. Ainda pior era sentir o peso da culpa a lhe acusar incessantemente, cujo direito pela sua vida teve um preço demasiado alto.

A dor era insuportável e indivisível... O arrependimento por ter se afastado dele aniquilava a sua Alma... Melhor ter morrido naquelas câmaras como tantos outros judeus a ter participado daquela fuga arriscada sem, ao menos, considerar a responsabilidade que *Rud* assumia pelo ao ato heroico cometido. Ele estava morto, e a vida havia findado para a jovem, agora destruída... Não havia mais luz, e somente a vasta escuridão habitaria em seus subsequentes dias... Sentia-se liquidada e perdera completamente a motivação para continuar vivendo. Nada poderia removê-la das ideias suicidas que visitavam continuamente sua mente. Nem mesmo *Erick*, fruto do amor ceifado pelo duro destino...

Hanna entregou-se à apatia, à desesperação muda, ao autodesprezo... A vida perdera completamente o sentido...

Nem os esforços e nem os cuidados amorosos de *Nick*; tampouco os rogos desesperados de *Bertha*; muito menos as necessidades mais exigentes do filho conseguiam animá-la, devolvendo-lhe a força de vontade para dar continuidade à sua missão terrena...

Um mês já havia transcorrido. *Nicolay* também sofria ao perceber que o seu amor era incapaz de pôr um término naquele terrível martírio. Vê-la definhando deitada sobre o leito desde o dia revelador, sem mencionar uma palavra, um gemido apenas que demonstrasse qualquer reação machucava-o intensa e profundamente...

A mulher por quem se apaixonara atravessava intenso estado depressivo e nem todos os conhecimentos que ele adquiriu em anos dedicado à medicina eram capazes de curá-la, e assistir com passividade àquela fase interminável tornou-se um castigo cruel...

A falta de acesso de antes ou de interesses atuais aos conhecimentos sobre a vida extrafísica sempre foram um entrave para a evolução consciente da Humanidade. Talvez seja por essa razão que as sombras ainda exerçam determinado fascínio sobre o homem, retardando a concretização do Plano Divino para o planeta que nos abriga.

A consciência humana é peça-chave para tal empreendimento, mas ela por si só não é suficiente para o sucesso das transformações necessárias na implantação da felicidade permanente e prometida pelo Messias... O conhecimento da Doutrina dos Espíritos e, por consequência, da existência e da rotina das muitas moradas que existem no Universo, como o da correlação entre esses mundos somados ao esforço individual em praticar as virtudes que elevam e divinizam são os meios de eliminar tantas dificuldades e padecimentos existentes.

Se hoje, no início do século XXI, quando os homens estão mais voltados à espiritualização ainda é difícil controlar as ações das forças contrárias ao bem, continuamente alimentadas pelos inúmeros vícios enraizados profundamente em nosso perispírito, o que dizer do século anterior, mais especificamente nas décadas em que se sucederam a Segunda Guerra Mundial, quando os esclarecimentos espíritas ainda davam os primeiros passos na longa caminhada? Pois foram justamente nesses períodos que viveram nossos personagens, completos desconhecedores da Doutrina esclarecedora.

O tempo passava vagaroso demais para os envolvidos na história do oficial nazista e uma prisioneira de Treblinka... *Ludvick* e a família já conheciam toda a história e, por sorte, aceitaram a inclusão de uma judia, sobrevivente do maior holocausto, na prole ariana. Fato que muito apreciou a irmã, vítima, em décadas anteriores, do preconceito familiar acerca de seu romance com o inesquecível *Kaleb*.

— A vida longe dos traços da excelência racial da Alemanha o transformou muito, meu irmão! — observou *Bertha* durante uma conversa. Temi pela verdadeira identidade de meus amigos... Imaginei que não seriam recebidos por você...

— Aprendi bastante com os brasileiros, um povo de alma leve, receptivo e muito amigo. Mas confesso que se soubesse da verdade no dia em que eles aqui chegaram não os receberia da mesma forma... Talvez por causa de todo esse horror da guerra narrado por você e as notícias vindas de todas as partes tenham sido os responsáveis pela mudança em meu experiente coração — confessou um dos descendentes dos *Günter*, possuidor de um espírito renovado e modificado pelo contato com outro tipo de cultura e pela ação do tempo.

— Apesar do pouco tempo nesse país, devo concordar com a receptividade desse povo tão diferenciado. E sua confissão não é diferente da de muitos compatriotas que agora conseguem enxergar o grande mal que o nazismo causou para a Humanidade...

— Sinto muito por nosso irmão *Klaus* e sua família... Às vezes, sinto-me responsável pelo seu fim trágico... Se eu tivesse tido a ideia de convencer todos vocês do quanto esse país é maravilhoso, quem sabe, teria evitado o triste desfecho...

— Não se martirize!... Garanto-lhe que seu esforço seria em vão, pois nosso irmão, orgulhoso das origens, jamais deixaria a nossa pátria.

Concordou ele sem deixar de sentir remorso pela própria indiferença quanto ao bem-estar de seus parentes.

Restava-lhe agora apenas a irmã e o sobrinho-neto, criança que sofria os reflexos do padecimento materno e daquele que conhecia como pai. Estes, atormentados pelas lembranças da guerra e completos merecedores da oportunidade concedida...

— Por que tanto ódio, tantas separações e milhares de mortes? Em nome de que, sabe me dizer?

— Também busco essa resposta... — *Bertha* suspirou tristemente.

Sem prazo determinado para findar o sofrimento que a assolava, *Hanna* vivenciava suprema dor e na solidão de si mesma via os meses escoarem sem conseguir reencontrar o ânimo para a vida... Sem o conhecimento sobre a sobrevivência do espírito após a desencarnação, ignorava os resgates que deveria atravessar, tão necessários para o próprio burilamento.

Isolada em seu sofrer, não entendia que a morte era uma separação temporária e fazia parte de um planejamento feito antes da encarnação. Só compreendia que a sua ação não possuía capacidade para destruir um verdadeiro amor, e, sim, aniquilava a realização de todos os anseios divididos nos instantes compartilhados...

A dor que ia dentro dela também afetava *Nick*, um homem forte e acostumado com as perdas, com as privações de todas as espécies e com as migalhas oferecidas pelo destino. Acompanhava a dura fase aguardando o sonhado encerramento...

Por ser um homem ligado à ciência, não se prendia às

esferas superiores pelo meio mais eficaz de conexão com Deus: a oração. Mas em seus pensamentos clamava por socorro e por um futuro mais ameno. Entretanto, invisíveis irmãos de luz o acompanhavam naqueles momentos a fim de lhe transmitir firmeza de ânimo e abnegação.

Certa noite, uma equipe espiritual encontrava-se naquele lar. Viera com a tarefa de socorrer alguns espíritos sofredores que lá se encontravam em torno de *Hanna*. A baixa sintonia e a pesada aura em torno dessas criaturas perdidas influenciavam-na de forma acirrada, dificultando a aceitação da Vontade Divina. Todos, vítimas da ignorância espiritual e do nazismo, viam naquele estado lamentável em que ela se encontrava uma maneira eficaz de atingir o *Rudolf* já resgatado do lodaçal umbralino... Vitimada por terrível e invisível ataque, ficava impossibilitada de encontrar forças para reagir e assim, cada vez mais, afundava na escuridão do sofrimento. Por esse motivo, o auxílio se fazia presente diuturnamente e, aos poucos, foram resgatando uma a uma daquelas Almas movidas pelo sentimento de vingança...

Conforme iam sendo socorridos, a vibração no local tornava-se mais leve e, por consequência, a saúde mental e o fortalecimento espiritual de *Hanna* também eram restabelecidos...

A normalidade retornava lentamente, porém de forma definitiva... Foi uma alegria para todos e, especialmente para *Nicolay*, quando viu, aos poucos, o mundo da mulher amada deixar de ser delimitado e o leito ser abandonado... O sol tornou-se mais brilhante e os dias mais felizes com o fim daquele estado depressivo tão corrosivo e ameaçador.

É claro que ela nunca mais seria a mesma, pois em seu íntimo ficaria para sempre a dor da culpa e a sensação de um amor adiado...

Enquanto isso, na outra dimensão, *Rud* se fortalecia sem mais receber os fluidos desequilibrantes que o padecimento de *Hanna* lhe causava.

Capítulo XXI
O DESPERTAR DE *RUDOLF*

Levado para um tipo de enfermaria com centenas de camas ocupadas, ele despertou do longo sono, mas ainda estava um tanto confuso e chegou a imaginar que havia sido retirado do campo de concentração. No entanto, ao reparar mais detidamente nos objetos à sua volta, cuja complexa tecnologia diferenciava muito daquelas que utilizavam na Terra, relembrou seu novo estado. Admirado com tanta novidade nem percebeu a aproximação de um desconhecido que, pelas vestes alvas e confortáveis, deduziu se tratar de um enfermeiro.

– Como está se sentindo?

– Estou confuso, bastante confuso... Onde estou? – perguntou simpatizando com aquela figura amiga e feições amáveis.

– Em um local de repouso e de refazimento.

– Você quer dizer em um hospital, não é mesmo? – sem esperar a resposta, continuou. Já imaginava... Mas responda-me, por que ouço essas pessoas falarem em um idioma que desconheço? Para que lugar eu fui trazido?

— Estamos em um hospital pertencente a uma colônia espiritual localizada sobre o Brasil!

— Brasil? Colônia?... Estou cada vez mais confuso...

— Acalme-se! Você tem consciência de que não está mais encarnado, ou seja, que não pertence mais à vida na Terra... Você foi recolhido de um local de sofrimento onde se encontrava e trazido para um hospital no Mundo Espiritual.

— Então, estou mesmo morto?... — perguntou, decepcionado.

— Morto não, o termo correto é desencarnado. Mas procure se acalmar! Pense em Deus e agradeça pela oportunidade que está recebendo, muitos ainda não puderam ser recolhidos...

— Como assim? Não compreendo bem o que me fala...

— Lembra-se da oração que fez quando ainda estava na zona de dor sendo perseguido? Pois bem, foram suas palavras ditas com tanta sinceridade que o trouxeram para cá!...

— Mas por que vim parar no Brasil, tão distante da minha pátria? — *Rud* já imaginava o motivo, embora precisasse ouvir daquele estranho com feição amigável.

— Você está aqui por causa de alguém muito especial, cuja ligação é forte demais...

— *Hanna?*...

— Exatamente. Agora você precisa descansar. Quando despertar nós poderemos conversar mais. Durma!...

O enfermeiro estendeu a mão direita sobre a cabeça dele e raios coloridos foram projetados em sua direção fazendo-o adormecer segundos depois.

Pela primeira vez em muito tempo teve um sono tranquilo. Parecia que se movimentava em um ambiente diverso daquele onde seu "corpo" repousava e uma luz suave envolvia tudo ao seu redor. Sinfonias vindas de um lugar que não conseguiu detectar preenchiam aquele ambiente. Ao longe percebeu um vulto luminoso que se aproximava. Entretanto, não conseguiu distinguir de quem se tratava...

— Como você está? Há quanto tempo não nos encontramos...

Rud não atinava de quem poderia ser, mas era uma voz conhecida.

— Estou bem melhor agora! Quem é você e onde estamos?

— Estamos em uma dimensão diferente daquela onde repousa o meu corpo... Meu perispírito foi trazido para esse encontro...

— Mas quem é você? Não consigo perceber você com clareza... Sei que o conheço, embora não me lembre de onde...

— Eu me chamo *Nicolay*. Sou um amigo de outros tempos e, junto com outras pessoas, zelo pelo seu bem-estar.

— Você também está morto? — *Rudolf* ansiava por respostas.

— Pertenço ao mundo dos encarnados há alguns anos, mas ao certo nos reencontraremos novamente. Agora preciso ir. Tenho de despertar no mundo físico. Adeus!

— Adeus! Quando nos veremos novamente? Sinto-me reconfortado em sua presença. Você tem notícias de minha *Hanna*? Sabe quem ela é?

— Sim, eu a conheço. Trarei notícias dela em nosso próximo encontro. Agora retornarei.
— Você já falou em perispírito... O que é isso?
— É como se denomina esse corpo que utilizo.
— Então nos veremos outra vez?
— Certamente...

Envolvido por um suave redemoinho luminoso não viu mais nada e quando abriu os olhos estava deitado na mesma cama do posto de socorro.

— Bom dia, meu irmão! — era o mesmo enfermeiro com quem havia conversado antes.
— Bom dia!
— Vejo que está bem mais disposto... Que bom!
— Tive um sonho com alguém que parecia ser um grande amigo... Alguém querido... Não sei explicar direito...
— Durante o sono geralmente nos encontramos com entes queridos encarnados ou desencarnados. A morte não nos separa daqueles que amamos.
— É verdade? Mas por que me separou da minha querida *Hanna*? Por que não consigo ver a minha amada?
— Para tudo o que acontece e para o que não ocorre, existe sempre uma razão...
— Eu perdi a noção de tempo... Há quanto tempo vaguei por aquela região horrível?
— Vejo que anseia por muitas respostas... E, respondendo, por um período não muito longo... Posso lhe dizer que lá se encontram irmãos por dezenas de anos...
— Por que estamos falando por transmissão de pensamentos?

— Utilizamos este método de comunicação por aqui!

— Não compreendo bem isso. Eu morri na Alemanha e me vejo neste lugar desconhecido...

— Se você está morto, como pode estar conversando comigo? — brincou o enfermeiro.

— Você me deixa confuso...

— Desculpe-me. Para muitos, a morte é o fim e, quando se deparam com a nova condição de espírito e com a continuidade da vida, custam a compreender que ela nada mais é que uma transformação, uma mudança de estado, compreende?... — aguardou alguns minutos para que o jovem espírito assimilasse as informações e depois sugeriu. Vamos passear pelos jardins para que possa conhecer nossa colônia espiritual.

— Eu posso sair para caminhar?

— Claro que sim. Já se encontra em condições para isso, além do mais respirar o ar dos jardins lhe fará muito bem.

— Você sabe meu nome, e eu ainda não sei o seu enfermeiro...

— Eu me chamo *Albert*... Vamos! — falou mostrando a porta que os levaria ao jardim.

Já na área externa, o recém-chegado surpreendeu-se com a organização. O jardim era imenso, diversas espécies de flores e plantas o enfeitavam com harmoniosa beleza. Pequeno córrego de águas límpidas cortava o jardim separando-o em duas partes iguais... Vários bancos estavam distribuídos por diversos cantos, todos pintados de branco e protegidos por frondosas árvores, cuja sombra produzida convidava ao descanso e aos longos diálogos. Em um dos bancos eles se sentaram.

– Eu falava várias línguas, mas o português não faz parte da lista de idiomas que dominava... Gostaria de tê-lo aprendido, pelo menos agora eu o utilizaria, já que estou em algum lugar do Brasil! – exclamou *Rud* sorridente.

– Na verdade você pode aprendê-lo... Basta, quando estiver em condições, se matricular no curso ministrado aqui mesmo na colônia...

– Aqui se aprende idiomas? Quantas novidades! Nunca imaginei vida após a morte, aprender idiomas então...

– Prepare-se, meu amigo, pois você aprenderá muito, se tiver disposição, é claro!... Aqui existem cursos que não encontramos no planeta e com eles aprendemos certas virtudes necessárias ao nosso crescimento espiritual... Posso citar alguns como: o curso de paciência; de caridade; de respeito, além dos cursos práticos de adaptação à nova dimensão, dentre eles, o curso de volitação, de higienização e tantos outros... – sorrindo com a expressão de espanto causada no amigo, o irmão espiritual finalizou – Mas não se preocupe com isso agora. As coisas serão reveladas à medida que você for se reequilibrando.

– Vejo que muitas surpresas me aguardam, a começar pela modernidade das coisas que já vi!...

– Você já consegue perceber muito sobre as diferenças entre as duas dimensões e, com o tempo, se recordará e constatará a grande verdade de que a Terra imita o Mundo Espiritual e não o contrário como muitos imaginam... Somos seres universais e eternos, já estagiamos por inúmeros lugares entre as idas e vindas... Mas esqueça isso por ora. Aproveite para respirar a longos haustos esse maravilhoso perfume exalado da variedade de flores que nos cercam.

— Realmente, eu me sinto bem melhor respirando esses aromas variados... Essa "colônia", como você diz, é enorme... Moram muitos habitantes aqui?

— Sim, aqui há milhares de espíritos provenientes de diversos lugares, até mesmo de fora do Brasil, como no seu caso... Muitos desencarnados durante o conflito europeu foram trazidos para cá... – explicava *Albert* com extremo cuidado e paciência –... E, se me perguntar o porquê, responderei prontamente que todos os que aqui chegaram após a desencarnação possuem motivos ou comprometimentos, passados ou futuros, com esse país...

— Qual seria o meu?

— Você não imagina? – respondeu com outra pergunta a fim de testar a intuição do novato.

— Penso que seja por causa de minha *Hanna* e do amor que sentimos um pelo o outro... Digo isso porque acredito que ela tenha conseguido escapar das garras do nazismo e agora se encontra segura no Brasil, país que escolhemos para viver se eu não estivesse deixado o corpo físico...

— Parabéns! Você acertou em cheio!

— Eu posso vê-la? A saudade é grande e, às vezes, sinto que me sufoca...

— Tenha paciência... Agora é tempo de se equilibrar e de se fortalecer. Quando chegar o momento, garanto que terá a oportunidade de revê-la.

Rudolf assentiu com a cabeça. A conversa continuou por mais algum tempo, até que resolveram retornar. A caminhada fora benéfica, deu condições para ele perceber a dimensão onde se encontrava, de sanar as primeiras dúvidas. O jardim possuía um ambiente encantador, harmonioso. Parecia o Paraíso descrito por *Hanna* em suas conversas acerca de religião, embora ela também não conhecesse nem a milésima parte da dinâmica daquele lugar...

Depois de algumas semanas se recuperando naquela colônia espiritual sentia-se apto para iniciar alguma tarefa. Matriculou-se no curso de idiomas para aprender o português, linguística, história e os costumes do povo que habitava o solo brasileiro. Convidado para auxiliar no trabalho de limpeza dos espíritos que eram resgatados das mesmas regiões inferiores por onde passou, aceitou alegremente, iniciando a tarefa nas câmaras retificadoras da colônia espiritual. Agradecido, esforçava-se bastante e, por vezes, não se achava digno da oportunidade que Deus lhe dava, pois, quando ainda nas vestes carnais auxiliava os trabalhos de outros tipos de câmaras, as que mataram milhares de irmãos... Ver-se ali, apoiando nos resgates, era uma dádiva de Deus honrosa demais para um espírito como ele, em condições de miséria profunda, e tudo o que poderia fazer para retribuir era demonstrar a máxima dedicação.

O tempo passava nas duas dimensões e já contava quase vinte anos desde a desencarnação de *Rudolf*, agora renovado e cheio de esperanças nos novos caminhos traçados. Fez grandes amigos e aprendeu muitos valores, antes desprezados. O homem materialista e que via Deus como apenas um conceito religioso ficara no passado... Transformado com o aprendizado contínuo, valorizava as mínimas coisas e conhecia um pouco mais sobre a importância da vida e, ainda, como saber dela desfrutar com maior sabedoria...

Certa manhã, ele se preparava para mais um dia de trabalho. Recebera outra tarefa, a de auxiliar na remoção de alguns espíritos das câmaras retificadoras para a enfermaria. Grato pela confiança a ele depositada, em silêncio orava quando inesperada visita o surpreendeu...

Salomé, uma das irmãs que dividiam o lar com ele, veio avisá-lo.

– Você tem visitas... Eles o aguardam no jardim.

Antes que ele perguntasse de quem tratava, a doce senhora saiu discretamente.

Minutos depois se dirigiu ao local, um pequeno jardim cultivado em frente ao lar que residia. Nele, havia um assento feito de madeira e colocado ao lado de discreto arbusto, cuja descrição assemelhava-se à frondosa figueira. Completando o cenário exterior, centenas de margaridas plantadas em fileiras... Uma explosão de alegria se deu ao avistar o velho amigo *Albert*[1] que não via desde a partida dele para outra esfera. Acompanhando-o estavam outros dois irmãos. Um deles, um jovem falante de tez moreno-escura, porte atlético e olhar expressivo. O outro era o oposto, cuja figura franzina e aparentando mais idade que os demais, o enterneceu de imediato.

---

[1] O enfermeiro *Albert* havia partido para outra esfera de trabalho, retornando mais tarde junto com o pai de *Hanna*, com a finalidade de ajudar *Rudolf*.

— Caro *Albert*, há quanto tempo não nos encontramos! Que felicidade revê-lo... – caloroso abraço selou o reencontro das duas Almas afins.

— A felicidade é toda minha ao vê-lo tão bem!... – assegurou *Albert*. Quero lhe apresentar meus amigos...

Aproximando-se a pedido recebeu os cumprimentos de Clemêncio, o mais jovem... Após, o outro, com olhar esplandecendo ternura, se apresentou no idioma alemão.

— Como vai, *Rud*? É um prazer estar aqui!... Chamo-me *Yohan Yochannan*, mas pode me chamar de João, nome que adotei desde que iniciei algumas tarefas nessa colônia...

De súbito, forte vertigem dominou *Rudolf* quando ouviu a apresentação em seu idioma de origem. Precisou ser amparado pelo amigo, pois sentiu o chão lhe faltar.

— Não pode ser possível... Devo estar delirando... O sobrenome é o mesmo de *Hanna*... Será ele alguém ligado a ela pelos laços familiares?... – pensava enquanto admirava o homem por quem sentiu gratuita afeição logo no primeiro olhar.

Captados os pensamentos, a entidade de luz saciou as dúvidas do jovem visivelmente abalado.

— Sim. Sua conclusão está correta!... Existe uma ligação muito forte entre mim e *Hanna*...

Em segundos, alguns momentos vividos ao lado da amada surgiram como cenas cinematográficas... As longas conversas travadas no campo em Treblinka o fizeram relembrar de quem se tratava aquela iluminada figura.

— O senhor é o pai de minha amada!... – concluiu

emocionado e num impulso o abraçou fortemente — Oh, que júbilo poder conhecê-lo!... Ela o amava muito!...

— Eu sei, meu filho!... — *Yohan* também parecia emocionado. Mas precisamos nos conter para não perdermos o nosso equilíbrio...

— Tem toda razão... Desculpe-me... Eu não esperava...

— O seu estado é totalmente compreensível, mas faz-se necessário conter-se... — aconselhou carinhosamente. Tenho acompanhado sua evolução, resultado de seu próprio esforço e confesso o quanto me felicita tal conquista... Há incontáveis anos venho o acompanhando, para ser mais preciso, desde o tempo em que tomou a vida de minha filha como sua responsabilidade... Toda minha gratidão é ínfima diante de tamanha prova de amor e sacrifício...

Vendo que a surpresa poderia desequilibrá-lo, o pequeno grupo lhe aplicou passes com objetivo de restabelecer suas emoções. Minutos depois, os quatro já se encontravam em edificante palestra no interior da singela morada. Foi *Albert* quem revelou o motivo da inesperada visita.

— Estamos aqui para lhe fazer um convite! O irmão responsável pelo Departamento de Reencarnação atendeu a seus pedidos e o aguarda hoje, nas primeiras horas vespertinas... Você reviverá alguns episódios de seu passado e, quem sabe, terá algumas respostas para sua intensa ligação com *Hanna*...

Exultante de alegria diante daquela oportunidade aguardada desde muito tempo, *Rudolf* convidou-os a uma oração de agradecimento...

As sentidas palavras, vindas de seu coração modificado, inebriaram o ambiente com aroma suave de rosas.

Capítulo XXII
REVIVENDO O PASSADO REMOTO

R*ud* cumpriu suas tarefas até se aproximar a hora marcada para o encontro com o grupo amigo... Novas surpresas estavam por vir naquele dia. Eles o aguardavam nas proximidades do prédio erguido na área central da colônia, onde funcionavam todos os departamentos, inclusive o prédio da Governadoria.

Após as calorosas saudações, seguiram silenciosos para o interior da contemporânea construção. O estilo arquitetônico, muito avançado para aqueles tempos na Terra, provocava arrepios em *Rudolf*... No terceiro piso ficava a sala de rememoração e no horário marcado iniciou-se a importante tarefa...

Era a primeira vez que ele passaria pela experiência. Um médico e dois enfermeiros preparavam o ambiente e a variedade de equipamentos ali dispostos... Deslumbrado diante do aparato que seria utilizado notou a diferente tecnologia espiritual, pois no plano físico do planeta que habitara ainda não existia nada semelhante. Por isso, não concebia a utilidade da série de aparelhos desconhecidos, dos computadores e até dos telões de plasma.

Submetido a uma série de passes rotatórios e outros longitudinais, o antigo oficial nazista foi envolvido por uma estranha sensação de leveza ainda não experimentada. Depois, sozinho foi conduzido para uma sala anexa, enquanto seus acompanhantes permaneceram na anterior onde aguardariam em oração. Surpreso com tantas novidades deparou-se com outros aparelhos e o local assemelhava-se às cabines de comando da aviação...

No centro daquele recinto havia grande tela de mais ou menos cinquenta polegadas de diâmetro incorporada a uma cadeira reclinável com rodinhas em sua parte inferior... Alguns fios estavam ligados a ela e outros foram ligados em pontos específicos da cabeça e nuca de *Rud*, devidamente acomodado na diferente poltrona... A equipe médica explicou todo o processo, cujo objetivo era o de captar as imagens arquivadas em sua memória espiritual pretérita. O médico e os enfermeiros retiraram-se, deixando-o sozinho na viagem ao enigmático passado...

Solitário, tal qual um astronauta dentro de uma cápsula a vagar pelo espaço viu quando tênue luz violeta acendeu-se na tela que se iluminou trazendo as primeiras imagens. A princípio algumas cenas nebulosas surgiram, mas aos poucos foram ficando mais nítidas.

Um cenário magnífico se descortinava diante do extasiado assistente: o Egito milenar.

Ele se reconheceu caminhando com uma multidão de homens e mulheres maltrapilhos. E, para seu completo espanto, o grande líder que caminhava à frente, secundado por um grande contingente de homens armados, era o secular *Moses* (Moisés)...

A comoção por se ver na histórica época o abalou profundamente e, como consequência, as lágrimas começaram a cair livremente... Por pouco, a sessão não foi interrompida; todavia, controlou-se a tempo de evitar a forçada pausa...

Rudolf via-se em outro corpo e fazendo parte daquele milenar acontecimento e como um judeu de nome *Abner* seguia a multidão na companhia de sua esposa, *Shoshanna*... Olhando-a com maior atenção, arrepiou-se ao reconhecer sua amada *Hanna*...

Parecia um bando de errantes peregrinando pelo deserto agreste. A forte luz solar castigava a pele e as reservas de água eram poucas... As pessoas reclamavam do intenso calor, e outras oravam a *Jeová* agradecendo pela libertação do cativeiro no Egito.

Libertos da escravidão estavam entre os liderados por *Moisés* e temiam o faraó e a perseguição de seu exército... E foi exatamente isso que aconteceu depois de longa caminhada...

De repente, surgiram na tela cenas de uma grande nuvem de poeira sendo levantada sem a ação do vento. Era o exército do faraó vindo ao encalço dos judeus antes escravizados... A marcha continuava sob o comando do libertador que suplicava aos céus um auxílio para proteger seu povo. Direcionado por mentes invisíveis, *Moisés* deu a ordem e os judeus, aproveitando a distância alcançada contra a cavalaria do faraó, atravessaram uma parte rasa do Mar Morto, e depois seguiram pela margem oposta até atingirem a parte mais profunda das águas. Tratava-se de uma tentativa de enganar o exército perseguidor que, ao vê-los naquela parte da margem, acreditariam ser o local seguro para a travessia...

Moisés, com a fama de grande iniciado nos mistérios arcanos e ainda provando ser excelente estrategista, planejava enganar os inimigos com aquele plano arriscado.

Rudolf se viu como *Abner*, completamente temeroso por seu destino e o da esposa, mas confiantes prosseguiram no cumprimento da ordem contando com o sucesso dela, pois, do contrário, se o plano falhasse, com toda a certeza morreriam pelas mãos dos soldados comandados pelo soberano egípcio...

Os minutos de espera fora angustiantes. *Abner* abraçado a *Shoshanna* orava a Jeová, enquanto a tropa egípcia aproximava-se mais e mais.

Quando chegaram à orla daquele mar, seguiram as ordens do soberano e avançaram mar adentro imaginando ser ali um local seguro para o cruzamento a pé e a cavalo...

E como *Moisés* havia deduzido, o faraó fora enganado pela sábia decisão... Iludido ao pensar que seria aquele ponto do Mar Morto por onde os judeus haviam cruzado, sem titubear ordenou a travessia... Errônea decisão, porque dezenas de soldados, juntamente com o soberano, morreram afogados naquelas águas turvas. Eles não sabiam nadar e foram tragados pelas águas, enquanto o restante da tropa, na retaguarda, não sabia o que fazer...

A multidão liderada por *Moisés* assistia boquiaberta ao pânico gerado no restante dos soldados que ficaram em terra... Desesperados, alguns deles se atiravam nas águas no intuito de salvar o faraó, mas também morreram. Os poucos que restaram retornaram vencidos e humilhados com a triste missão de dar a notícia da morte do valente, porém insensato soberano, como também de grande parte do seu exército...

Mais tranquilos com a vitória contra os poderosos, os peregrinos continuaram a longa fuga em busca de um lugar para fundar a Terra Prometida.

A cada cena exibida, *Rudolf* demonstrava emoções afloradas, como se estivesse vivendo-as outra vez. E, sem tirar atenção da tela, continuava rememorando o seu passado.

Embora a sensação de liberdade os impulsionasse a seguir, muitas dificuldades se apresentavam naquele deserto árido e amedrontador.

Eles possuíam apenas as roupas do corpo e alguns objetos de valor que foram retirados do palácio real ou das casas onde antes serviam... A noite caía trazendo a baixa temperatura, e castigados pelo frio intenso ficaram proibidos de acender uma fogueira que os ajudasse a se aquecer, porque também poderia denunciá-los... Até mesmo as pegadas deixadas pelo caminho iam sendo apagadas com os galhos de folhas secas, conforme a marcha avançava... Essas ações faziam parte do meticuloso plano para conquistarem a definitiva liberdade depois dos longos anos de cativeiro no Egito.

O extenso período de escravidão deixou os judeus sem idioma e religião próprias. Viviam obrigados a seguir os costumes dos senhores do Egito. E quando fugiram em busca da liberdade não tinham documentos escritos no dialeto por eles usado... Apenas *Moisés* e poucos companheiros sabiam ler e escrever, o restante do agrupamento era analfabeto e tudo o que lhes restava era simplesmente seguir o líder...

A verdade nua e crua que transparecia nas cenas assistidas por ele era as de um povo escravizado. O mesmo que havia conquistado a liberdade tão sonhada e não sabia o que fazer com ela no desesperador deserto e no "nada" oferecido... A escassez de alimentos e também de água testavam os limites daqueles judeus e muitos sucumbiram...

Dentre todas as vítimas, a morte também levou *Shoshanna*, causando considerável dor no coração de *Abner*... Os despojos da esposa foram enterrados naquelas areias ermas, e junto ficou a Alma aflita do esposo que não aceitava a perda... O arrependimento por ter deixado o Egito o castigava, enquanto imenso ódio brotava de seu coração... Perdido pela dor direcionou toda sua revolta justamente contra *Moisés*, o libertador, levando-o a planejar atentar contra a vida daquele líder. Mas sem a coragem necessária desistiu do intento e passou a viver amargurado...

Dois anos depois, em uma noite de total desespero pela falta da mulher amada, *Abner* despediu-se da vida... A causa de sua desencarnação foi a hipotermia agravada com a gradual fraqueza que lesava seu organismo por causa das privações diversas e da falta de vontade de viver sem a companheira...

Sua desencarnação se enquadrou como um suicídio involuntário. O antigo escravo vagou por séculos em regiões escuras, densas, fétidas e sem ter encontrado aquela que era o real motivo de sua existência. Inconformado, lançava pragas contra o Criador por estar vivendo naquela situação...

A tela se fechou diante do olhar atônito de *Rudolf*... O enfermeiro que aguardava próximo à porta de entrada aproximou-se.

— Como está se sentindo, irmão?

Sem obter resposta decidiu aplicar-lhe passes harmonizadores, enquanto seus acompanhantes, no recinto ao lado, continuavam recorrendo aos benefícios da oração... Minutos depois, os efeitos já se faziam visíveis.

— *Rudolf*, diga-me, por favor, como se sente?

— Bem melhor, obrigado!... — respondeu ele já refeito da emocionante experiência.

— Foram selecionadas imagens de outra encarnação, mas acho por bem adiá-las...

— Não, por Deus eu suplico... Deixe-me assisti-las hoje mesmo... Quero conhecer meu passado e irei até o fim...

— Sendo assim... Aconselho que se acomode, porque as cenas retornarão em instantes...

As novas imagens surgiram transmitindo algumas cenas das regiões inferiores onde se encontrava o espírito de *Abner*. Subitamente, *Shoshanna* em espírito veio resgatá-lo da treva infinda. E, após os árduos sofrimentos, foi levado para uma dimensão mais apropriada, graças às súplicas da mulher que tanto o amava. Iniciou-se um período de refazimento e preparação para posterior encarnação na Terra...

Chegara nova chance de evoluir concedida por Deus, mas, dessa vez, ele renasceu em Roma como um louco. Foi uma experiência penosa sem a companhia da amada que, naquela oportunidade, permaneceu na esfera espiritual com a missão de protegê-lo e encorajá-lo naquela jornada de expiação. Quase vinte anos de dura colheita, cuja semeadura foi resultado da descrença e blasfêmia contra o Criador... Abandonado e esquecido, o louco romano conhecido como *Horran* amargou a solidão, o desprezo e o preconceito, até desencarnar sem parentes e sem amigos.

De volta à vida espiritual ficou impedido de rever a mulher adorada, cujo amor direcionado fora a causa de seus padecimentos.

Cumprindo o processo natural de evolução moral, recebeu nova missão para ser executada na carne... Nessa, porém, contaria com a presença suave da companheira amada.

O pretérito ressurgiu nas imagens... Estava ele na Galileia, em Jerusalém, mais precisamente, nos anos em que o *Messias* agraciava o planeta com Sua existência terrestre, arregimentando as multidões com seus ensinamentos...

Rudolf se reconheceu vivendo como romano de nome *Trévius*, cobrador de impostos do Império de César... A importância do cargo o tornou um homem frio e insensível, contrariando o planejamento reencarnatório para o qual se comprometera ainda em espírito...

A arrogância predominava como o defeito mais gritante em sua personalidade. Quando se deparou com *Leah*, filha única de um pastor de ovelhas, apaixonou-se perdidamente... Para sua exultação, o amor era correspondido...

O esboço da angelical criatura, cuja rara beleza ficava encoberta pela ampla veste usada naqueles tempos da Antiga Roma, fora captado na tela de rememoração, causando real estremecimento em *Rudolf*... Aquela conhecida expressão de olhar revelava a mesma e única companheira secular, *Hanna*... Era ela, sempre ao seu lado, física ou espiritualmente, amando-o e fortalecendo-o no permanente encadeamento de ações entre quedas e lutas contra si mesmo... Agora começava a entender o porquê da ligação existente entre eles, tão durável quanto a eternidade...

Nos encontros furtivos a tinha em seus braços, embora a bela judia fosse noiva de *Aaron*, um humilde tecelão da Galileia, para quem fora prometida desde o nascimento.

O cobrador de impostos, orgulhoso e avesso às contrariedades, não aceitava perder a escolhida para um homem rude do povo. E, como não via meios de desfazer o compromisso firmado pelos pais dos jovens, arquitetou ardiloso plano...

Nesse instante, *Rudolf* sentiu um enlevo tomar conta de si, porque viu cenas do Nazareno pregando para os apóstolos no Monte das Oliveiras e, como sempre, uma multidão se juntava para ouvi-Lo... Da tela saíam raios luminosos que resplandeciam por toda a sala do Departamento de Reencarnação... Era a aura em torno do *Messias* que iluminava toda a Jerusalém, invisível para aquele povoado rude ainda muito imaturo em relação às Revelações Divinas; todavia, perceptível para *Rud* naquele instante revelador...

Os ouvintes pareciam embevecidos com as palavras ditadas pelo Nazareno... *Trévius*, a certa distância, demonstrava indiferença à divina reunião... Seu foco estava voltado para as pessoas que ali chegavam... Esperava a chegada de alguém sem se dar conta do momento excepcional para qualquer ser: a presença do Homem Sagrado que se fazia visível no planeta... Repentinamente, *Leah* surgiu na companhia de belo noivo. Eles seguiam na direção do Monte para ouvir as lições do Filho de Deus...

Reparando o jovem com maior atenção, *Rudolf* notou a semelhança com o desconhecido que se apresentou como um amigo de nome *Nicolay*...

— Mas como pode?... — pensava. Ele disse ser um amigo que zelava por mim, quando na realidade é um rival secular...

Notando que não era a melhor hora para indagações, voltou sua atenção para a tela, queria descobrir o que aconteceria...

A pregação chegava ao fim e, aos poucos, a multidão foi se dispersando... *Trévius*, à espreita, seguia o casal e viu quando *Aaron* deixou sua noiva na proteção do lar paterno. Tempos depois, voltava sozinho para casa quando se deparou com triste destino, preparado pelo inimigo secreto... Querendo ter *Leah* para si tomou errônea decisão...

Em troca de algumas moedas, contratou um adolescente da localidade para seguir fielmente as orientações que culminariam no desaparecimento do judeu tecelão.

— Senhor, senhor... É com o tecelão *Aaron* com quem converso?

— Sim, sou eu mesmo!... — respondeu sorridente, ainda sob o efeito dos ensinamentos do Cristo.

— Trago-lhe um convite de um grande comerciante que deseja seus serviços no tear...

— De quem se trata, meu jovem?

— Não sei o nome dele... — falou indeciso. Trago apenas o recado... Mas posso lhe adiantar que se trata de um comerciante de muitas posses...

Sem saber da cilada armada contra ele, *Aaron* interessou-se pela possibilidade de um trabalho... O dia de seu casamento com *Leah* se aproximava e um negócio com um rico comerciante parecia-lhe bem-vindo.

— Conte-me o que diz o recado e depois decidirei o que fazer...

— Simplesmente diz para o tecelão *Aaron* ir ao encontro do comerciante que o aguarda próximo à saída da cidade... Ele seguirá viagem para Cafarnaum em poucas horas e pretende acertar tudo antes...

— Como o reconhecerei? — *Aaron* quis saber.

— Avistará uma pequena caravana composta por uma carroça e alguns camelos... Quando lá chegar é só se apresentar...

Agradeceu e, sem perder mais tempo, saiu rumo à direção indicada, sem sequer intuir que caía em uma cruel armadilha...

Mais tarde, estava ele no local marcado para o encontro. Não avistando a caravana mencionada, concluiu se tratar de um mal-entendido... Já voltava para o lar quando, repentinamente, viu um cavaleiro vindo em sua direção. Era *Trévius*. Em seguida, alguns soldados também se aproximaram, cercando o inocente tecelão... Tardio arrependimento dominou a vítima. Cercado e em desvantagem, sofreu o ataque do grupo, porém, antes de perder completamente os sentidos, ouviu o cobrador dizer...

— Levem esse infeliz para o lugar combinado...

Quando *Aaron* recobrou os sentidos descobriu que estava em uma caverna no Vale dos Leprosos. Desesperado só pensava em fugir, mas, com todo o corpo ferido pela covardia romana, tombou de vez. Assistia ao desfile mais deprimente e repugnante de toda sua vida... Leprosos de todas as idades o cercavam curiosos. Era o fim para ele. O contágio era certo e a morte, a consequência...

Entre as lembranças do ataque misterioso e o pavor de ter sido contaminado pela turba deformada, pensou na amada *Leah* e o sonho perdido de desposá-la, não obstante, percebeu o quanto estava desgraçado, pois seu destino agora era a decomposição de seus membros pela doença.

O desaparecimento do tecelão trouxe extrema aflição para todos os que o conheciam... Procurado por toda a parte, não conseguiam notícia alguma, o que os levou à dedução mais lógica: *Aaron* fugiu do compromisso deixando *Leah* livre e os familiares inconformados...

Conforme os dias passavam, as esperanças da sua volta se extinguiam. No fundo, *Leah* ficou aliviada com aquele desaparecimento... Apaixonada pelo romano, nem imaginava a artimanha por ele provocada e, intimamente, vibrava com a possibilidade de assumirem o amor segredado. Juntos, lutariam contra todos os empecilhos que dificultavam a realização daquele romance...

Jubiloso, o responsável pelo sumiço do jovem tecelão dividia a mesma ventura com a mulher que lhe roubara a paz e dominara seu coração endurecido... Planejavam os dois mudar para bem longe, qualquer lugar onde encontrassem sossego para vivenciar o amor verdadeiro. Mas ele não contava com a coragem do rival liquidado que, dominado pelo ódio e pela revolta, deixou o Vale da Morte em busca de notícias da noiva e explicações para o inesperado acontecimento que culminou em sua total desgraça...

A doença já era visível, mas não o fez desistir do desafio de vencer a longa distância que o separava do amor perdido e das interrogações que possuía...

Sobreviveu à fome, à sede, à dor e ao medo de ser repugnado para, quase sem forças, conquistar a adorada Galileia... Decidido, faria a primeira parada próximo ao lar da noiva e ali aguardaria paciente pela figura amada... Quem sabe criaria coragem para abordá-la de longe, sem provocar o risco do contágio...

A força do destino sempre se apresenta independente dos caminhos ou meios que nos levam à sua ação certeira...

Aaron, a menos de uma légua de distância do lugar pretendido, escondeu-se por detrás de alguns arbustos a fim de vigiar a pequena trilha que levava à pobre morada que abrigava *Leah* e seu pai... De repente, vozes chamaram sua atenção. Desacreditando do que seus olhos captavam quase desfaleceu... Era ele, o mesmo cobrador de impostos que o levara para o vale imundo, caminhando muito próximo daquela que seria sua esposa... Ela e o inimigo seguiam sem saber que eram observados. Desesperado pela visão odiosa, teve o ímpeto de atacá-los, mas controlou-se a tempo decidindo pela aproximação dos "traidores" até que pôde ouvir parte da conversa.

– ... Não vejo a hora de deixarmos tudo para trás e, longe daqui, vivermos sossegados o nosso amor...

– Oh *Trévius*, sonho com isso todos os dias!... Eu o amo tanto...

A cabeça de *Aaron* começou a girar, não podia aceitar o que acabava de ouvir... Forçosamente, organizou seus pensamentos e dominou suas emoções... Tudo ficou claro para ele.

– Jeová, eu fui traído da pior forma!...

As lembranças do ataque que resultou no rapto voltaram em sua mente atormentada, levando-o a concluir que fora vítima de um plano horrendo, cuja autoria não se resumia somente ao inimigo, mas também à mulher a ele prometida...

O ódio mantido dentro dele aumentou tomando proporções inimagináveis... Não poderia aceitar tamanha deslealdade. Insano, sentiu crescer a sede de vingança.

– Não serei o único desgraçado dessa história!... – concluiu seu último pensamento.

Esperou pelo momento de *Leah* ficar sozinha. Assim se deu. A bela judia retornava ligeira para o lar... Chegaria antes do pai que naquela hora comercializava suas ovelhas... Sem que esperasse foi subtraída da estrada. Agarrada por alguém com mãos enroladas em panos sujos não teve a chance de gritar por socorro e se fazer ouvida por *Trévius*...

Quando descobriu, o autor do ataque deu um salto para trás e um abafado gemido morreu na garganta... O estado de *Aaron* era deplorável, quase todo enrolado nos mesmos panos imundos das mãos, denunciava a doença amaldiçoada a destruir as formas físicas do lindo jovem de antes. Esforçando-se ao extremo, *Leah* conseguiu dizer.

– *Aaron*, é você?...

– Sim, sou eu. Está surpresa? Pensou que já estivesse morrido naquele lugar abominável para onde você e seu novo pretendente me enviaram?... – as palavras dele saíam carregadas de amargura e animosidade.

– Do que está falando?... Não compreendo... Você desapareceu sem deixar rastro... Sem sucesso o procuramos por toda a parte...

– Mulher vil e mentirosa que ajudou a destruir a minha vida!... – *Aaron* estava alucinado.

– Não!... Acusa-me em vão...

– Cale-se! – urrou ele.

Indiferente às explicações e súplicas, ele se arremessou sobre a frágil mulher, agredindo-a fisicamente. Sobre ela ficou até perder o restante da força extra, injetada pela fúria odiosa... *Leah*, imóvel, não respondia, mas ainda respirava... Então, em um ato de supremo desvario, *Aaron* reuniu mais energia e apanhou do chão uma pedra... Sem se dar conta que forças ocultas o dominavam naquele instante, desferiu várias pancadas sobre o belo rosto feminino. Totalmente desfigurada, a judia desencarnou.

Em seguida, rasgou as vestes da jovem em tiras que se transformaram em uma espécie de corda que fora amarrada a uma árvore... *Aaron* enforcou-se a poucos passos de *Leah*...

A notícia da morte dos jovens comprometidos assustou a cidade. Ninguém entendia como o tecelão ressurgiu leproso, mas acreditaram ser a doença a motivadora da desgraça... O pesar era coletivo, entretanto não se comparava ao de *Trévius* que, enlouquecido de remorso, sumiu pelo mundo até encontrar a morte nas mãos de assaltantes...

A tela se apagou. *Rud* chorava copiosamente... A revelação mexera com seu íntimo. Ele se envergonhava da quantidade de erros cometidos no passado... As lacunas em sua Alma começam a ser preenchidas. Elas o transformariam em novo ser ou aumentariam o desequilíbrio milenar?...

Capítulo XXIII
ENCONTROS E RESPOSTAS

Fortes foram às impressões deixadas em *Rudolf* que, horas após, ainda apresentava notável abalo... Se não soubesse que aquela sequência de imagens assistidas fosse seu obscuro pretérito, revelado com a intenção de ajudá--lo a compreender a derradeira encarnação, ao certo, seria confundida com um excelente filme digno de prêmio pela emocionante narrativa... Entretanto, aquele enredo apresentado tratava-se de registros armazenados em sua memória milenar. Permitir que viessem à tona fê-lo se sentir tão envergonhado, sendo necessário o concurso de seu amigo *Albert*.

– Anime-se e não deixe de ser grato a Deus pelo ensejo, pois nem todos têm a chance e nem condições de passar pela mesma experiência...

– Como pude cometer tantos erros e causar tantos prejuízos?... Como pude desperdiçar tamanha oportunidade de desfrutar da Presença Divina do Mestre fazendo daquela chance mais uma encarnação de débitos contraídos?...

– Acalme-se, irmão...

Era um momento delicado e se fazia imperioso ter maior cuidado. Abraçando-o, o bom amigo falou:

– Não se puna tanto assim!... Então, acredita que foi somente você quem desperdiçou a oportunidade de encarnar no tempo do *Messias*? Nós todos estivemos lá, e posso assegurar que também desprezamos Gloriosa Criatura... Fomos nós que gritamos "*Barrabás*", decidindo a condenação de Jesus Cristo... Portanto, *Rudolf*, você não deve se sentir tão diminuído, visto que todos nós erramos muito no passado...

– Sinto-me mais confortado com suas alentadoras palavras, embora sérias modificações se operam dentro de mim... Acho que me falta aprender mais sobre a essência das coisas, dos verdadeiros valores acerca da vida carnal... Preciso aprender mais, meu amigo, pois não quero desperdiçar todo o empenho dedicado por uma equipe na confecção detalhada de um planejamento reencarnatório fadado ao insucesso por descuido ou imaturidade minha... Não me permito errar novamente!... – concluiu categoricamente.

– A perfeição é um atributo exclusivo do Pai... Nós, criações Dele, somos capazes de alcançar apenas a perfeição relativa. Isso quer dizer que, durante algum tempo, seremos suscetíveis às quedas causadas pelos nossos erros... Não cobre tanto de você mesmo!... Deus não espera apenas acertos cada vez que aportamos na Terra vestindo um corpo físico. Ele, melhor do que ninguém, conhece nossas fraquezas e nossas possibilidades... Para isso, criou a encarnação, dando-nos talentos para serem exercidos; virtudes para serem conquistadas e defeitos para serem dominados... A cada vida, entre vitórias e derrotas, vamos, lentamente, aprendendo e crescendo... Sem pressa, sem atropelos, mas com muita boa vontade e obstinação... Nunca se esqueça disso!...

— Jamais... — disse, abraçando-o. Permita-me fazer a última pergunta que ainda me aflige?

— Quantas perguntas você tiver.

— Imagino que não vivi somente as três encarnações que rememorei. Diante disso, passarei por nova experiência no departamento que hoje estive?

— Quem sabe... Embora muitas vezes as lembranças venham naturalmente, no momento oportuno... Tudo o que deve fazer é não se preocupar e confiar na Misericórdia Divina, enquanto isso trabalhe sempre e agradeça por tudo...

— O que seria de mim sem você, meu amigo?! — *Rudolf* já sorria timidamente — Obrigado por tudo!...

— Não agradeça... Existem tantas dúvidas em mim quanto há em você... Somos eternos aprendizes, e um ajudando o outro chegaremos à angelitude!...

A conversa fez bem e as aflições de *Rud* já não o atormentavam tanto... Recobrou o ânimo e, obedecendo aos conselhos do amigo, resolveu focar a atenção no trabalho e nas orações de agradecimento, acumulando bônus-hora com suas tarefas em auxílio daqueles que acabavam de deixar a carne e na colônia confusos chegavam.

Desempenhava com muito amor o trabalho de limpeza e de transferência dessas criaturas ainda entre o limiar das duas dimensões, oferecendo-lhes conforto com palavras de estímulo à nova realidade apresentada...

A instrução para ele se tornou uma forma de crescimento espiritual duradouro, por isso matriculara-se em diversos cursos de ordem moral. Enfim, ocupava o tempo integralmente e, nos poucos instantes de descanso, entregava-se à meditação em busca do autoconhecimento... *Rudolf* realmente era outro ser... Transformado pelo próprio esforço, inteiramente integrado à nova dinâmica espiritual usufruía de alguns méritos honrando-o com a suave presença da amada, por meio dos sonhos nas horas de descanso no plano físico...

Incontáveis ocasiões de encontro se deram entre ele e *Hanna*, no qual o perispírito dela durante as horas de sono desprendia-se do corpo e saía em busca dos entes queridos já na dimensão extrafísica.

Os dois, ligados por um amor secular, não se perderam pela separação imposta pela morte. Os valiosos momentos de encontros preenchiam o vazio e aliviavam a saudade mútua... E, apesar de *Hanna*, ao despertar do sono, trazer simplesmente as vagas lembranças de um sonho bom, sentia-se mais fortalecida para a jornada terrena ainda incompleta... Assim, os anos passavam com a melhora gradual de cada um deles... *Hanna* cumpria a contento a missão designada para aquela encarnação e *Rudolf* preparava-se cada vez mais na esperança do reencontro definitivo na esfera em que se encontrava...

Seguia a vida para ambos, cada qual com suas conquistas individuais que somariam méritos permanentes para futuras oportunidades entre caminhadas terrestres e escaladas rumo à perfeição pretendida por todos os seres...

As marcas do tempo estavam visíveis nas feições daquela mulher valente e o frescor da juventude perdida dava lugar às modificações físicas que traziam a maturidade. Contava com pouco mais de 40 anos de idade. Continuava bela, apesar dos sinais do tempo remodelarem a face juvenil revelando os ciclos de vida agindo nos seres encarnados... Já no antigo oficial nazista, que teve a vida ceifada ainda na flor da idade, a beleza jovial e o vigor físico permaneciam inalterados. Com o desejo de atenuar essa diferença, *Rudolf*, encorajado pelos amigos, buscou ajuda para transformar sua aparência por um mecanismo comum existente entre os desencarnados equilibrados, no qual os espíritos escolhem a forma apropriada que os agrade para moldar o perispírito. Aparência mais jovem ou mais madura; infantil ou anciã; de uma ou de outras vidas na carne, não importa, porque as variantes nesses casos sempre obedecem às necessidades pessoais de cada um sem prejuízo às conquistas do espírito...

Conhecedor de tal verdade, ele não se importava com tais detalhes que o diferenciavam da mulher amada, mesmo assim assumiu uma aparência de homem maduro visando somente à igualdade entre eles...

Os encontros ocorriam em dois lugares distintos da colônia: no prédio onde eram ministrados os cursos frequentados pelos encarnados e desencarnados, *Hanna* durante o sono era levada para aprender ou em determinada colina repleta flores e vegetação rasteira às margens da colônia. A cada ensejo os votos de amor renovavam-se, a paz se restabelecia e a certeza de estarem juntos perpetuava-se... Luzes brilhavam. Lindos pássaros voavam enfeitando os céus. Flores desabrochavam liberando suavemente aromas peculiares. Acordes musicais invadiam o espaço com melodias angelicais, cuja sonoridade vibrava na Alma de qualquer ser...

Instantes raros, compensadores e revigorantes para eles, porém ocorriam apenas na dimensão extrafísica, porque desde a desencarnação *Rud* não havia visitado a Terra que o recebera na derradeira estada... Em curso estava à preparação para tal evento, o momento tão aguardado estava próximo... Outras surpresas reveladoras surgiriam para testá-lo outra vez...

Capítulo XXIV
VISITA AO PLANO FÍSICO

Os anos prosseguiram com acontecimentos paralelos entre os dois mundos. Enquanto na Terra grandes mudanças se operavam na vida dos envolvidos, na colônia espiritual a paz reinava e, graças aos esforços de *Rudolf*, se somavam os méritos em forma de bônus-hora, cujo fim seria o de realizar a primeira visita no orbe que lhe servira de berço na derradeira encarnação.

A oportunidade chegou. *Yohan*, pai de *Hanna*, surgiu em um calmo amanhecer trazendo a notícia mais esperada. Ao deparar-se com *Rudolf* em meio às orações matinais, o enlevo tomou conta daquele espírito iluminado, cujos merecimentos lhe proporcionavam viver em esferas mais elevadas... Nem de longe aquele fervoroso jovem lembrava o antigo oficial nazista, repleto de pompa e orgulho em um momento de pesar para o planeta...

A Boa Nova o exultou na mesma medida em que seu coração se encheu de gratidão.

Alguns dias depois dos preparativos, uma pequena equipe de socorristas e guardiões partira para crosta terrestre levando consigo *Rudolf* e *Yohan*. Sem revelar o verdadeiro motivo daquela excursão aportaram no sul do Brasil... As primeiras horas noturnas do forte inverno fez com que ele recordasse a pátria germânica...

— Que felicidade estar de volta! Embora não seja a minha Alemanha, sinto-me em casa!... — exclamou *Rud,* um tanto emocionado.

— Seu verdadeiro lar não pertence mais a esse mundo. Aliás, de onde viemos é exatamente de onde partimos um dia para uma nova experiência terrestre e, despojados da carne, nos tornamos seres mais conscientes... No entanto, percebo o irmão ainda muito preso à última experiência terrestre — disse *Yohan*.

— São muitas lembranças e infinitas emoções vividas nessa arena de resgates... Não posso negar que ainda estão muito vivas em mim... — desconcertado com a sábia constatação, revelou sua fragilidade diante do passado.

— Compreendo perfeitamente as emoções que lhe afloram nesse instante... Acredite, meu caro, já atravessei a mesma situação. Contudo, devo alertá-lo para a necessidade de manter o equilíbrio, pois você bem sabe que reencontrará com seus entes amados, o que certamente o fará reviver emoções diversas... Lembre-se de que aqui estamos para o cumprimento da Vontade Divina e por ela temos a obrigação de manter o autocontrole...

— Grande verdade!... Ficarei mais atento às minhas sensações... — garantiu.

— Excelente decisão!... — respondeu outro espírito que os acompanhava antes de saciar as muitas dúvidas do novato

que olhava tudo admirado, embora bastante contido –...
Chegamos ao sul do Brasil, mais precisamente em uma das principais ruas da cidade, antes tranquila e ordeira, não obstante, vive um momento muito difícil: os anos do regime militar.

Clemêncio, que também integrava do grupo, era um estudioso dos hábitos da Humanidade. Conhecia a fundo as reações positivas ou negativas do ser humano diante das diversas situações que a vida da matéria apresentava.

– Como resultado da opressão político-militar instalou-se a ditadura no país. As pessoas perderam o direito de liberdade de expressão e o de ir e vir... Cautelosas, não ousam andar pelas ruas a essas horas, pois temem ser apanhadas pelos militares mais afoitos... O recesso de seus lares figura-se local mais seguro... O temor é generalizado e apenas poucos estudantes, encorajados pela enorme aversão ao imposto regime político, se arriscam em reuniões clandestinas a fim de discutir a dura realidade da qual são totalmente contrários. Nesses encontros buscam discutir as várias maneiras de lutar contra o regime... As notícias da existência de muitas vítimas inocentes e descontentes com o período que atravessavam aumenta a revolta entre eles... – concluiu apontando para o grupo estudantil a poucos metros de distância.

Rudolf prestava atenção na explanação de Clemêncio e, seguindo na direção apontada, deteve-se nas feições de um dos jovens. Um forte calafrio percorreu seu corpo astral, com a mesma intensidade e abalo de quando ainda vestia o corpo físico... O olhar daquele jovem lhe era muito familiar e, por um instante, imaginou estar diante da moldura que enfeitava a fotografia da figura paterna, pregada na sala do lar na Alemanha... Eram idênticos, com exceção do tom dos cabelos de ambos...

Precisou do amparo de *Yohan* que, ciente da identidade daquele estudante, amorosamente disse-lhe aos ouvidos.

– Controle-se, *Rud*, essa visita trará algumas revelações...

– Desculpem-me, mas não pude deixar de reparar naquele jovem... – e apontando, *Erick* continuou – o mais inflamado de todos... A semelhança dele com o meu pai *Klaus* me remeteu a um passado recente, repleto de saudosas lembranças... – falava sem desviar o olhar da direção marcada – ...Não sei explicar, mas sinto forte ternura por aquele garoto desconhecido...

– Talvez ele não seja um desconhecido... – arriscou Clemêncio. Dê tempo ao tempo e todas suas conjecturas serão sanadas. Agora devemos continuar, irmão!... – ordenou carinhoso enquanto o enlaçava a fim de retirá-lo do significante entorpecimento.

Seguindo adiante focaram na missão de socorro. A equipe de espíritos tomou o rumo que levava a certa residência daquela cidade...

Era uma ampla construção de dois andares. No piso inferior, uma imensa sala comercial especializada em armarinho e objetos decorativos. Àquela hora, as portas estavam cerradas. Entretanto, pela organização demonstrava que mãos cuidadosas ali labutavam diariamente.

Sem perder tempo, os visitantes espirituais passaram para o piso superior, onde o silêncio era quebrado por suave voz a ditar em tom baixo uma linda oração...

Direcionados pela doce voz, a equipe de espíritos adentrou no recinto. A cena era triste e demonstrava os últimos instantes da vida física de alguém que, sobre o leito, aguardava o momento extremo, enquanto suave criatura, ajoelhada ao lado da moribunda rezava entre lágrimas...

A comoção tomou conta do espírito *Rudolf* que ficara sem condições de dar um passo adiante... Parado à porta do quarto reconheceu sua tia *Bertha*, já em idade bastante adiantada, com seu corpo ainda preso ao espírito por um frágil cordão fluídico que, carinhosamente, ia sendo desligado por outra equipe ali presente anteriormente, enquanto os recém-chegados os apoiaram vibrando em orações...

Para surpresa do espírito que para ali fora levado a fim de aguardar a querida tia em sua nova condição depois da morte física, a acompanhante era *Hanna*, sofrida, embora resignada à vontade de Deus...

Rud, em espírito, emocionou-se ao vê-la ali tão perto. Todos os momentos vividos ao lado dela retornaram com força total...

Recobrando a serenidade com a ajuda dos amigos, aproximou-se dela e a enlaçou num longo abraço... Aos poucos, o pranto de *Hanna* fora cessando, enquanto o corpo inerte de *Bertha* pedia os derradeiros cuidados... Seu espírito, retirado dali pelos irmãos responsáveis pelo desligamento, nem se deu conta da presença do amado sobrinho...

Sem entender o porquê da sua estada naquele momento, ele agradecia ao Alto pela gloriosa bênção de rever seus amados. Entretanto, permaneceria naquele lar por mais algumas horas, fato que lhe possibilitou estar junto da amada naquele momento tão triste para ela.

De repente, uma voz grave vinda do outro aposento quebrou a magia do momento tão especial.

– *Hanna*, minha querida, eu adormeci por um instante... – falava *Nick* ao se aproximar dela e, ao certificar-se da morte da grande amiga, chorou feito criança nos braços da companheira de tantas lutas e perdas.

Rud, assustado, deu um salto para trás. Cambaleante, sentiu suas energias esvaírem-se de súbito. Seus pensamentos em desordem só conseguiam discernir a intimidade entre *Hanna* e aquele homem de feições amigas...

– Meu Deus, de onde eu o conheço?... – buscava em seus arquivos a imagem do estranho que recebia consolo nos braços da doce amada...

As incertezas inflamaram o sentimento de ciúme, desequilibrando-o totalmente. E sem permitir que tais sensações trouxessem maiores danos, a equipe de espíritos amigos aplicou-lhe um passe, cuja onda de fluidos calmantes o fez adormecer...

O despertar se deu na colônia espiritual e ao seu lado estava Clemêncio.

– Sente-se melhor, meu irmão?...

Um tanto confuso *Rud* ainda trazia as impressões da visita à Terra.

– Sim, estou bem. Mas cadê *Hanna*? Estávamos em sua casa...

– Retornamos logo após os efeitos que lhe causaram o encontro inesperado!... Procure relaxar e manter-se com os pensamentos elevados... Ficarei com você até que se encontre novamente fortalecido...

O conselho em tom de ordem foi aceito de pronto. Sem intenção de insistir se deu por vencido momentaneamente e logo adormeceu.

Capítulo XXV
LEMBRANÇAS REVELADORAS

Mais tarde, ele despertou com a lembrança das feições do homem intimamente aconchegado nos braços da pesarosa judia. Aquela imagem ficara gravada na mente do antigo oficial, contaminado pelo ciúme... A única certeza a nortear-lhe as ideias, no atual momento, indicava que não se tratava de um desconhecido... Mas de onde o conhecia?

Cismado e inquieto foi buscar apoio com Clemêncio, o mais recente amigo no lar espiritual, cujas afinidades surgiram tão logo se encontraram.

Rud o localizou mergulhado em seus estudos, embora a atenção estivesse além dos escritos que pesquisava, pois percebeu a presença do amigo assim que ele adentrou na biblioteca. Um fraterno abraço, antes de se acomodarem, selou o encontro.

– O contentamento me invade ao revê-lo! Entretanto, sei que não foram as minhas pesquisas que o trouxeram aqui... Posso saber o motivo que o inspirou a procurar-me? – observou com um sincero sorriso.

— Você tem razão, não nutro interesse no campo de suas pesquisas... Nisso, nossos gostos se divergem!... — observou *Rudolf*. Para mim, a Humanidade permanecerá um mistério sem-fim e, pelo contrário, vejo seu interesse o levar a pisar em territórios inóspitos... Talvez seja essa a primeira oposição entre nós dois... — sem resposta à observação, entrou no assunto que o conduziu a procurar ajuda. Vim ao seu encontro impelido por uma questão muito íntima...

Com olhar passivo e coração repleto de boa vontade, Clemêncio deixou seus estudos de lado para dispensar total atenção ao aflitivo irmão.

— Estou ao seu dispor, abra seu coração...

Sentindo absoluta confiança diante daquela entidade elevada, revelou suas consternações diante do olhar atento e afetuoso e, levado pela emoção, mergulhou nas lágrimas enquanto contava sobre as dúvidas que o atormentavam desde a noite na crosta terrestre.

— Apesar da euforia de rever *Hanna* depois da longa espera e da saudade crescente e acumulada em mim, o surgimento inesperado daquele irmão abalou-me profundamente... Vê-lo ali, próximo demais dela, deixou-me desconsertado a ponto de perder o tênue equilíbrio conquistado com tanto esforço... — uma pausa para tomar fôlego e coordenar os pensamentos antes de dar continuidade. Sei que o certo seria resistir a esses impulsos ainda carnais, mas como conseguir se ela é o principal motivo de tanta transformação?... A cena, naquele recinto, mexeu com todas minhas fibras e sentimentos diversos surgiram, como um misto de dor e revolta. Foi tão intenso o que senti, meu amigo, que acabei prejudicando o trabalho de toda a equipe exatamente no instante em que minha querida tia deixava o mundo físico... Que fraco ainda sou!... Despreparado e imaturo, deixei-me levar pelo egoísmo. Ainda pior, é a certeza de que a lembrança daquele episódio fere-me grandemente... Agora, aqui expondo todas as minhas angústias, tento inibir as questões que ecoam dentro de mim, como, por exemplo, quem é o encarnado que desfruta da doce companhia que um dia me foi retirada pela morte prematura?... Que importância ele tem na vida dela?... Por que o seu semblante me parece tão familiar?... – um denso suspiro antes de finalizar o desabafo. Você possui alguma das respostas que alivie minha confusão mental?

– Todas as respostas encontram-se dentro de você, meu amigo... Com paciência, resignação e mantendo o foco no serviço do bem, elas surgirão sem que menos espere, uma a uma, de uma forma tranquila ou como em uma avalanche... Permita que o tempo contribua e com sabedoria coloque todas as coisas em seus devidos lugares...

– Paciência, resignação, foco... Eis tudo o que tenho mantido desde que compreendi minha verdadeira condição e a total responsabilidade sobre o meu destino perante a eternidade. Entretanto, minhas escolhas desde as milenares experiências indicam o quanto ainda tenho de crescer, avançar e vencer a teimosa estagnação na qual me prendi... – e suspirando pensativo continuou. Creia, Clemêncio, não se trata de queixa, apenas de uma dura constatação da minha pobre condição espiritual!... Tenho pensado muito nessas questões ultimamente, e aquele encontro inesperado acendeu minhas amargas conjecturas. Sinto como que todas as vidas que me foram ofertadas fossem um gigantesco quebra-cabeça, inacabado, é claro, e faltando algumas peças... A insatisfação me cobre de curiosidade e incompreensão de determinados pontos vazios... Neles jaz toda a minha angustiante procura: *Hanna* cobriu grande parte do imenso vazio que me acompanha nas eras de erros. Outros, que passaram pelas minhas sucessivas vidas e que deixaram marcas e assuntos pendentes, eu ainda não os reconheci... Deparei-me com um e outro no plano que agora ocupo. Não obstante, tantos outros estão perdidos nas vestes da carne e dívidas imensas nos atraem e nos repelem continuamente... Temo que seja ele, o desconhecido, um desses desafetos que tanto prejudiquei... Nada, por enquanto, me dá a certeza do que lhe digo, mas dentro de mim uma voz muito íntima me faz pensar nessa hipótese... – *Rud* era levado para novas descobertas, embora bastante confuso e indeciso – O que você acha disso?...

– Pode ser. Tudo é possível, meu irmão! Contudo, não se torture tanto assim. Logo, logo tudo será esclarecido. No instante certo encontrará a solução de tudo que o incomoda... Pense no quanto já conquistou: na clareza para enxergar seus erros; na vontade de consertá-los; nos amigos que fez desse lado, são eles as peças importantes do quebra-cabeça mencionado e as que faltam surgirão ao certo...

– Então minha linha de raciocínio está correta? – perguntou.

— Pode apostar que sim. Fato que prova o quanto você já amadureceu... Não se preocupe tanto com a presença do irmão que encontramos no lar terreno a dividir amarguras com sua *Hanna*... Lembre-se de que nada é por acaso e se juntos se encontram foi uma escolha antecipada... Entende o que falo?

— Sim. Dói muito, mas compreendo perfeitamente. O que está difícil é aceitar sem deixar que o ciúme me domine...

— Esforce-se, ore, trabalhe e busque a paz interior tão abalada.

Um abraço foi o conforto aguardado para o coração atormentado de *Rudolf*. A conversa tomou um rumo mais ameno e, tempos depois, as risadas apagavam de vez o inicial tormento.

Os dias passavam empurrando-o a seguir em frente, e entre trabalho e encontros com amigos procurava ocupar todo o tempo possível evitando as recordações que o confundiam tanto. Os laços de amizades no novo ciclo de vida se fortaleciam dia a dia tornando-se a arma perfeita contra os distúrbios causados durante a excursão terrestre.

Além de Clemêncio, outras presenças eram positivas naquela fase, como a de *Albert* e a de *Yohan*. Ambos visitavam a cidade espiritual onde *Rudolf* morava. Vieram de outra morada espiritual para realizar um trabalho: administrar curso e esclarecimento na área das vibrações energéticas – ciência de grande utilidade para o equilíbrio espiritual. E, aproveitando o ensejo, fora incluído em paralelo, específico tratamento para alguns Irmãos recém-chegados.

Foi na derradeira noite quando os dois espíritos anunciavam a partida preparada para o alvorecer do novo dia que mais uma missão lhes fora imputada: auxiliar um encontro entre duas Almas afins, do qual se objetivava definitiva solução para os envolvidos diretos: *Rudolf* e *Nicolay*.

Sem mais perda de tempo e felizes com a confiança que o Alto depositava neles, partiram para a esfera terrestre a fim de conduzir o perispírito do médico russo durante as horas de descanso noturno. Ele dormia profundamente. Seu corpo repousava para o refazimento merecido depois do longo dia de trabalho e preocupações, facilitando a ação das duas entidades incumbidas de transportá-lo para onde o outro estava...

Imenso anfiteatro localizado às margens de magnífico lago, bem na área central da colônia espiritual brasileira, serviria de cenário... A emocionante apresentação teatral que bem simulava a construção do Cosmo e de suas galáxias já estava próxima do fim *Rudolf* misturado à plateia deliciava-se com tamanha fidelidade de detalhes, figurinos, efeitos especiais e conteúdo histórico... Os aplausos calorosos indicavam o fim do espetáculo e forte enlevo tomou conta de todos que, silenciosos, se retiravam do local.

Impressionados comentaram a perfeita encenação antes das despedidas. Naquela ocasião, de uma forma única e fora da rotina, o jovem de origem germânica decidiu caminhar pela alameda que circundava o belo lago de água prateada sob a luz lunar. Ia ele meditando sobre a grandiosidade da Criação Divina e nem se deu conta que de a repentina vontade de estar só naquele momento obedecia ao planejamento amigo que favoreceria a conclusão da tarefa conciliadora.

Um caminhar tranquilo e sem pressa e olhar no infinito o conduziam para qualquer lugar da colônia... Não tinha destino certo, apenas a vontade de estar consigo mesmo. De repente, outros passos foram ouvidos. Pensou serem os do amigo Clemêncio e, de súbito, voltou sua atenção para o som que anunciava proximidade... Era *Albert*. Surpreso, sorriu enquanto aguardava a figura admirável.

— Você por aqui? Imaginei que descansava antes da partida... Veio se despedir? – perguntou.

— De certa forma, sim. Mas não vim sozinho ao seu encontro...

Rudolf viu a certa distância dois vultos iluminados. Reconheceu *Yohan* na companhia de alguém, cujo tênue fio prateado na altura da nuca identificava se tratar de um encarnado. Sem entender o porquê foi dominado por um vazio seguido de um rápido estremecimento. Não querendo arriscar nenhum palpite, aguardou explicação.

— Venha, meu amigo. Sentemos naquele banco para uma conversa...

Obedeceu automaticamente. Confiava no bom senso cuidadoso daquele que fora o primeiro amigo que fez quando fora retirado do umbral. Algo estava para acontecer naquela noite e sua intuição sugeria ser importante e definitivo.

— Sei que já reconheceu *Yohan* trazendo uma pessoa que resolverá os questionamentos que ainda o atormentam e o impedem de seguir livremente o caminho redentor... —

explicou a entidade enquanto os demais se aproximavam calmamente.

Rudolf ouvia o amigo sem tirar a atenção na dupla cada vez mais próxima. Um grito saiu abafado e breve tontura quase o quedou ao ver no encarnado a alternância de feições que o fizera reconhecê-lo de pronto... Conforme se acercavam, o homem trazido por eles tinha a fisionomia modificada e que se alternavam entre aquele que encontrara no lar de *Hanna* e *Aaron*, o tecelão que prejudicou em vidas passadas quando armou contra ele a fim de roubar-lhe *Leah*, a noiva, que nada mais era que sua secular amada... Era ele e podia reconhecê-lo ainda como o visitante que encontrou no primeiro sonho que teve ao chegar naquele lar espiritual, cujo nome veio claro: *Nicolay*.

— Sim, era esse o nome que ouviu... O mesmo homem do seu passado... Duas identidades distintas na mesma Alma... Meu Deus, o que fiz contra essa criatura é inominável, imperdoável...

Tudo girou à sua volta, vitimado pela vergonha e pelo sufocante arrependimento, pois ali compreendeu como os caminhos da vida são surpreendentes e reparadores, que não existe impunidade para os males provocados a qualquer tempo de nossas existências.

Capítulo XXVI
COM *NICOLAY*

Feito um turbilhão de águas a invadir cidades para em seguida revelar toda a destruição causada, as cenas de um tempo remoto emergiam na mente de *Rud*, acusadoras e mordazes alfinetavam a consciência adormecida que nem mesmo as várias reencarnações conseguiram apagar...

As circunstâncias os remeteram para um embate decisivo e a atitude mais sensata depois do impacto inicial seria zerar o passado com o mútuo perdão, porque tormentos seculares os cercaram até então. Aquela poderia ser a última chance de reconciliação evitando o constrangimento de atravessar outros séculos de sofrimentos e arrependimentos.

A vida é assim. Fomos presenteados por Deus com o direito de exercer o nosso livre-arbítrio, o mesmo que nos dá a possibilidade de escolha em todos os campos de nossa vida terrena ou espiritual. Em contrapartida, recebemos, paralelamente, deveres e assumimos responsabilidades por todas as obras realizadas durante a nossa trajetória individual.

Entretanto, comumente esquecemos os erros cometidos entre uma reencarnação e outra. Por isso, vamos reproduzindo novos desacertos até que, cansados e humilhados, reconduzimos nossos esforços para o caminho do bem coletivo, único caminho para curar as chagas adquiridas com as más escolhas pretéritas...

Parados, um diante do outro, sem análises e comparações, sem pressa e cobranças, *Nick* e *Rud* buscavam forças para o abraço libertador. O primeiro passo foi do encarnado, embora, ambos espiritualmente tivessem plenas condições para a prova de humildade.

Sublime ato. Um breve instante reuniu duas Almas separadas pelas intempéries da vida física e esquecidas nos anos de resgates.

— Somente agora consegui reconhecê-lo... Sabia que não se tratava de um estranho, mas densa névoa impedia-me as lembranças... — *Rud* confessou humildemente.

— Eu tenho estado muito próximo de você, sempre que me é permitido, é claro!...

— O que prova suas melhores condições. Quanto a mim, pobre Alma perdida em enganos agravados pela arrogância e pelo egoísmo, companheiros de todas as paragens que me foram destinadas... — *Rudolf* justificava-se pelos vergonhosos atos cometidos, cujos resultados foram tão amargos quanto imprescindíveis. Por certo você já conhece a história da minha última encarnação!... Agravei demasiadamente minha evolução e se não fosse o amor e o zelo de muitos irmãos queridos, eu hoje não desfrutaria de tantos benefícios...

— A gratidão é um sentimento nobre e raros são os que a possuem, porquanto demonstra o quanto já desenvolveu seu lado espiritual. Resultado certo do seu próprio esforço nas conquistas merecidas! — observou *Nick* com sinceridade.

— A Bondade Divina é a autora dessa obra que derivou no novo ser do qual me tornei, apesar dos absurdos cometidos contra milhares de irmãos, incluindo você... Fui um dos verdugos durante a insana guerra eclodida na Europa nesse século da Terra... No apogeu dos piores delírios humanos em nome da errônea crença da superioridade racial, os arianos superaram na crueldade, derivada do cego preconceito...

Nick ouvia em silêncio, embora as lembranças do triste episódio ainda lhe causassem dor e mal-estar. Ele fazia parte da dura estatística de vítimas não fatais e sentia um vazio cruciante pela morte de toda a sua família... A cada dia lutava contra as recordações na tentativa de esquecer tamanha "injustiça". Muitas vezes se perguntava se não teria sido melhor sucumbir com os seus e assim poupar-se do penoso sofrimento que somente o amor surgido por *Hanna* fora capaz de amenizar, mesmo não sendo correspondido como sempre sonhara... Tinha-a como um sol aquecendo sua alma repleta da escuridão que as perdas lhe causaram...

Diante de *Rudolf*, que deveria ser considerado como rival ou, pelo menos, a personificação dos lunáticos nazistas que tantos prejuízos causaram à Humanidade não conseguia sentir revolta, ódio ou o desprezo esperado. Sentia-se em dívida com aquela criatura perdida, resultado de um passado sombrio, mais precisamente antes da encarnação que viveu como *Aaron*, nos tempos em que o Mestre Jesus esteve na Terra.

Vergonhoso pretérito marcado pelas batalhas egoísticas e ações inescrupulosas em uma época distante dos raros valores religiosos e morais, onde só importava o poder a qualquer preço.

Somente séculos depois da vinda do Messias e a proximidade com Seus ensinamentos reveladores e profundos transformaram *Nick* completamente. De lá para cá travou luta contra seus próprios defeitos e vagarosamente ascendeu no caminho libertador para o qual todas as criaturas um dia deverão marchar...

– Aqueles que hoje se encontram em melhores condições espirituais e trilham os novos caminhos a serviço do Bem e das Verdades Eternas, em algum momento de suas existências vacilaram promovendo destruições e prejuízos por toda a parte. E, quando já cansados, atenderam ao íntimo chamamento, um convite a voltar-se para a Luz e tal qual o filho pródigo eles retornaram humilhados... – *Nick* revelava-se. Em algum instante, a nossa consciência desperta para dar o primeiro passo para a forçosa transformação... Assim é com todas as criaturas.

– Sim, comigo foi assim também... – concordou *Rud*.

– Semeamos e colhemos, é a Lei. Até onde consegui relembrar, muito já lhe prejudiquei durante as jornadas que juntos atravessamos e posso lhe garantir que é longínqua nossa correlação de amor e ódio...

– Lembro-me apenas da encarnação na época em que Jesus de Nazaré viveu na Terra...

– Muito antes já nos debatíamos em disputas vãs...

Nicolay, com um gesto, pediu auxílio para *Albert* e *Yohan* que próximos observavam. Prontamente atenderam. Cada uma das duas entidades iluminadas colocou sua destra sobre as cabeças dos interessados e instantaneamente os acontecimentos de um passado distante começaram a surgir para os dois.

As cenas foram aparecendo como em um filme e retiradas das lembranças de um tempo remoto. O cenário, aos poucos, ia se definindo e, maravilhado, *Rud* se viu em uma das sociedades mais antigas, a Babilônia, considerada um dos berços da civilização. Localizada entre os rios Tigre e Eufrates no sul da Mesopotâmia, cujo tempo cronológico era há aproximadamente 750 anos antes de *Moisés*, ou seja, mais ou menos 2.250 anos antes da vinda do Cristo. Inserido naquele cenário que já lhe fora familiar, se viu vivendo como um dos comandantes do exército de rei *Sargão* I, fundador do Império Babilônico. Seu nome era *Okkad*, um homem maduro e sem atrativos físicos... A seu favor contava apenas com o poder que detinha sob as ordens do rei. Poder esse que desempenhava com extremo orgulho. Seu olhar frio era marcado pela profunda cicatriz na face esquerda, oriunda de uma das muitas lutas travadas com o objetivo de expandir o território babilônico. A confiança conquistada perante o soberano lhe rendeu também a chefia da guarda do palácio, posição que lhe possibilitou galgar o segundo lugar no comando do império...

Rememorando a referida encarnação, estremeceu quando reconheceu *Nicolay* e *Hanna* fazendo parte do secular contexto...

Nicolay, no corpo de *Eppi*, um jovem nascido naquele império, cuja forma física revelava abundante virilidade em seu invejável porte atlético. Responsável por todos os serviçais da cozinha detinha o apreço de muitas das mulheres...

Hanna era a bela *Karmir*, uma jovem de 13 anos de idade, filha de *Tekkah*, uma das cozinheiras. Crescera naqueles domínios até se tornar uma das mais belas funcionárias do palácio... Designada a servir todas as refeições para os membros da corte causava ciúmes e despertava paixões. Sua deslumbrante beleza era ornamentada pelos profundos olhos negros e cabelos encaracolados que caíam na altura da cintura. Logo que a viu, *Okkad* a desejou desesperadamente e tudo fez para conquistá-la. Homem experiente, não demorou a notar a ambição desenfreada no caráter da jovem... Interesseira, soube tirar proveito da situação com seus encantos e poder de sedução.

De repente *Rudolf* estremeceu diante da rememoração ao descobrir o quão longínquo era o elo que o ligava a *Hanna* e a *Nicolay*... Era o início da civilização organizada e talvez também o daquela saga amorosa... Ele presenciava a formação de um triângulo perigoso e fatal. *Karmir* brincava com os sentimentos de *Eppi* que amava a bela serva com sinceridade, enquanto ela se deitava também com *Okkad*...

Durante algum tempo, a farsa da jovem serva teve sucesso. Banhada pelo egoísmo e sequiosa pela posse da fortuna, *Karmir* brincou com os dois homens que mais pareciam marionetes em suas mãos... Entretanto, como todas as ilusões um dia findam, as dela estavam prestes a afundar no mar das mentiras construídas...

Okkad passou a desconfiar da fidelidade da amante e, enlouquecido de ciúmes, obrigou um dos escravos a vigiá-la dia e noite.

Logo a seguir, o segredo foi descoberto retirando a máscara da bela babilônica. O alto funcionário do palácio, dominado pela fúria, decidiu vingar-se da mesma forma que fazia com todos os que tiveram a infelicidade de atravessar o seu caminho... *Eppi* seria mais um a desaparecer da face da Terra sem que ninguém dele sentisse falta. Assim seria feito: o oponente de *Okkad* seria assassinado. O destino de todos estava lançado com resultados fatais para o trio, porque o mesmo desejo de eliminar o rival passou a mover a vida do pacato serviçal... Um movido pelo amor sincero e o outro, pela luxúria e desejo de posse. Não obstante, ambos eram sugestionados por forças invisíveis e maléficas que os orientavam levando-os às vias de fato.

A sorte estava lançada com as ações fatídicas ocorrendo simultaneamente. Na mesma noite em que *Eppi* decidiu envenenar o vinho que seria servido ao alto funcionário, este já havia encomendado a morte do adversário, cujas ordens dadas o impediriam de ver o próximo dia surgir...

Enquanto *Okkad* morria com seu estômago queimando pela substância letal, *Eppi* era alvejado no coração pela adaga de um dos escravos...

Karmir, que só amava a si própria, não suportou o desfecho do qual pesava sua responsabilidade e, no impacto da notícia da dupla morte, se suicidou sorvendo o mesmo líquido mortífero utilizado anteriormente em uma das vítimas.

O trágico fim daquelas criaturas as retirou da vida terrestre... Transportadas para zonas inferiores expiaram suas faltas por alguns séculos.

Capítulo XXVII
FRENTE A FRENTE COM A VERDADE

Terminadas as imagens da encarnação na Babilônia, *Rudolf* tremia de emoção e certo espanto... Talvez por se tratar de um momento histórico no qual a pouca consciência espiritual estava voltada para o culto aos deuses e para a valorização da matéria ou, quem sabe, pela exposição de algo quase ignorado, perdido nas areias do tempo...

Os mesmos patrocinadores daquele ensejo, cujo contexto descortinava um pouco mais dos mistérios guardados durante as sucessivas encarnações, o ampararam com amabilidade. *Nick*, mais equilibrado, dispensou os cuidados de *Albert* e *Yohan*.

O debate sobre as sensações experimentadas se deu momentos depois, quando não restava mais nenhum resquício de desequilíbrio em *Rud*.

— Agora, mais refeito, você entende a nossa ligação?

— Entendo o quanto já o prejudiquei!... Na primeira rememoração eu o reconheci no humilde *Aaron* jogado no Vale dos Leprosos segundo minhas ordens... Que vergonha! Não sou digno do seu perdão, ainda mais depois de descobrir que em nossas disputas fui sempre eu quem lhe causei maior prejuízo...

– Eu também errei muito com você. Dominado pelo ciúme doentio, o envenenei covardemente...

– *Hanna*, minha doce *Hanna*, tem sido o pivô de nossas querelas... Mesmo assim, ciente disso, eu a amo verdadeiramente!... – confessou *Rudolf*.

– E ela também o ama com a mesma intensidade...

O rosto de *Rudolf* iluminou-se ao ouvir a confissão. Nesse instante, os dois estavam sozinhos, pois os amigos que os auxiliavam já haviam se afastado, oportunizando o mútuo entendimento. Tinham muito a conversar, muitas arestas para aparar e a discrição os impedia de ali permanecer...

– Por que a surpresa? Você conhece os sentimentos dela!... Mesmo depois de tantos anos separados pela morte, o coração daquela mulher ainda bate no mesmo compasso do seu, meu irmão!... – entre suspiros *Nick* continuava. Sou e sempre fui, em todas as vidas que nos uniram um coadjuvante na história de amor que os prende.

– Por isso que eu o vi na companhia de *Hanna* no dia da desencarnação de tia *Bertha*? – *Rudolf* queria conhecer e entender toda aquela dinâmica.

– Sim. É uma longa história que irei lhe contar... Tudo começou quando ela, muito assustada, chegou à mansão da amiga *Bertha* fugindo da guerra e na esperança de reencontrá-lo no Brasil...

– Conte-me tudo, por favor.

A cada frase narrando os passos da foragida de Treblinka, a comoção tomava conta do jovem oficial desencarnado, por saber que o amor jurado entre quatro paredes resistira a todas as provas e sofrimentos... Havia instantes em que se tornava difícil prestar a atenção nas palavras de *Nick*, porque as lembranças afloravam vivas e vibrantes. No entanto, o desejo de conhecer cada detalhe da dura trajetória da amada fê-lo controlar-se. Ela ainda vivia na carne, sem seus braços fortes para protegê-la das intempéries da vida, mas com toda a força de um amor milenar...

Resoluto, o médico russo não escondia os pormenores da narrativa, causando imensa gratidão no ouvinte que, a essa altura da palestra, já conhecia o verdadeiro sentimento dele para com sua musa. Era o mesmo sentimento que dividiam há muito, embora sempre fosse ele sem ser correspondido... A rivalidade dava lugar à verdadeira amizade e à plena confiança, sem mais o veneno destilado pelo ciúme.

– Eu nunca recebi mais do que o respeito e a consideração de *Hanna*... Juntos, nós atravessamos todas as barreiras impostas pelas mudanças que a guerra causou. Cruzamos mares, aprendemos outro idioma e novos costumes, dividimos interesses, mas nunca trocamos um único carinho... Intransponível barreira ergueu-se entre mim e *Hanna* e por muitas noites amaldiçoei a sua permanente presença em nossas vidas... – *Nick* chorava durante a confidência. Por fim, com a ajuda dos amigos *Albert* e *Yohan* que para cá me traziam durante o sono, aceitei os fatos e o meu verdadeiro lugar dentro desse contexto...

– Sinto muito por você... Vibro para que um dia encontre alguém que faça nascer um amor tão verdadeiro quanto o meu e de *Hanna*...

— Encontrarei, sim! — afirmou sorrindo mansamente. *Rud* há mais uma revelação... Algo que omiti desde o início da nossa conversa...

— Ainda há mais surpresas?

— Talvez seja a mais importante de todas... — *Nicolay* necessitou de alguns minutos para ordenar seus pensamentos, após, reiniciou. Quando vocês se despediram na ocasião da fuga em Treblinka, *Hanna* não estava só...

— Como assim? Ela deixou o campo na companhia de outros judeus e da equipe montada para auxiliá-los. Eu não a deixaria sair de lá sozinha e sem um plano que assegurasse a vida dela...

— Você não me entendeu. Deixe-me explicar...

Rud o olhava conturbado. Não entendia o porquê do nó que insistia em apertar sua garganta. Algo fugira de seu controle naquele fatídico dia em que se separaram... Dominando a ansiedade que o invadiu repentinamente fechou os olhos para uma breve e sentida prece.

Nicolay o aguardou respeitoso.

— Quando ela chegou à mansão para ficar sob os cuidados de sua tia ainda não sabia que trazia consigo outra vida... A descoberta se deu tempos depois...

— O que você está me dizendo?... *Hanna*... Outra vida? Será que estou entendendo o significado disso? — entre confuso e surpreso, não queria acreditar naquilo que seu coração gritava. Ela estava grávida? É isso, meu irmão, diga-me pelo Amor de Deus!...

— Sim. Seu filho era gerado no ventre dela, e assim deixou a Alemanha para nascer em segurança no Brasil...

Erick é o nome do fruto do amor de vocês... Hoje é um bonito jovem, cheio de ideais e planos...

— Meu Deus, por quê?... Sou pai e nem sabia... O que fiz de tão grave para merecer tamanha prova? — *Rud* soluçava feito uma criança.

— Acalme-se. Não se revolte contra Deus. Antes, agradeça a dádiva de tê-lo deixado nascer longe daquele palco em guerra... Ele nasceu saudável e em terra abençoada. Mas...

— Ainda tem mais?... — *Rud* não suportava outras tantas revelações.

— Prepare o seu coração...

Abraçando o amigo bastante abalado, *Nick* estava decidido a ir até o fim. Não omitiria uma só vírgula.

— *Erick* não sabe que é filho de um capitão nazista e nem que foi concebido em um campo de concentração... Na verdade, ele pensa que eu sou seu pai... *Hanna*, tia *Bertha* e eu achamos melhor que ele acreditasse nisso. Evitamos maiores sofrimentos impedindo que sofresse preconceitos desnecessários... Por isso, também lhe peço perdão!... — *Rud* ia interrompê-lo, mas em um sinal de *Nick* calou-se. Esse detalhe também será consertado, eu e *Hanna* já decidimos contar toda a verdade para o garoto... Entendemos que não podemos omitir a sua verdadeira identidade...

— Meu filho *Erik*... Que emoção! Eu o vi quando visitei o lar de vocês, achei parecido com meu pai... Agora entendo a semelhança, pois são avô e neto... — ele falava com a voz embargada pela emoção. Qual será a reação dele ao saber que o verdadeiro pai foi um nazista assassino?...

— Não se denomine como tal, você também foi vítima daquele lunático... A sua essência é nobre, e seu filho saberá disso. *Hanna* traz com ela, guardado como um tesouro, o pingente com a sua fotografia e um diário com páginas contando toda a trajetória dela desde o dia que vocês se conheceram. Nele, ela cita o seu sacrifício por ela e por outros judeus. Revela também a sua posição contra *Hitler* e as ideias raciais deturpadas... Seu filho conhecerá toda a verdade e todo o seu valor!...

— Não sei como agradecê-lo por tudo... Cuidou deles no meu lugar, foi paciente, amigo e pai... Eu nem merecia tudo isso...

— Essa é a minha missão nessa encarnação. Escolhi assim para poder zerar todo o mal que já lhe fiz pelas eras afora...

— E o que devo fazer para também zerar os prejuízos que lhe causei?

— Mantendo-se no caminho do Bem, escolhido sabiamente... Continue trabalhando pelo próximo, crescendo para Deus!... Dessa forma, estaremos quites.

— Prometo que me esforçarei todos os dias para todo o sempre!...

Capítulo XXVIII
UM NOVO AMANHECER

Desde aquele encontro uma nova consciência despontou em *Rudolf*. Os esforços nos desígnios divinos triplicavam em igual proporção aos bônus-horas que adquiria.

A alegria por saber da paternidade era visível e contagiante. Principalmente nas horas do sono terrestre quando *Erick*, desprendido da matéria, ia ter com ele... Momentos valiosos embalavam as longas conversas entre pai e filho... Ambos, submetidos a um período de descobertas e adaptação no intuito de facilitar ao jovem encarnado a aceitação da sua verdadeira identidade e das reais raízes.

Enquanto isso, como consequência dos longos anos de uma tristeza disfarçada, *Hanna* adoecia e, a cada dia, sua energia vital extinguia-se. Pouco a pouco se tornava mais abatida e desestimulada a lutar pela preservação da vida... Por sua mente muitas lembranças amargas dos tempos de guerra misturavam-se às de sua adolescência ao lado da família perdida. Logo surgiam *flashbacks* do período no esconderijo na mansão, da fuga para o Brasil, do fiel companheirismo de *Nicolay* e, por fim, o nascimento do filho e as várias etapas de seu crescimento naquele país acolhedor...

A semente fértil de um amor perdido nos campos de guerra transformara-se em um bonito jovem, repleto de sonhos e lutas pela igualdade nos anos de rigorosa ditadura brasileira... Idealista e destemido, não dimensionava os perigos contidos naquela forma de governo opressor, motivo pelo qual *Hanna* se preocupava em demasia. E, apesar de se sentir culpado pelas preocupações maternas, não desistia dos ideais motivadores da juventude daquela época, ainda mais recebendo o incentivo e apoio de seu "pai" *Nicolay*. Sim, o tinha como a figura paterna, embora, fisicamente, não se encontrava qualquer semelhança entre eles. A sensação de que algo não se encaixava naquele quadro familiar aumentava conforme os anos passavam e a capacidade de compreensão aumentava... Nutria um amor incomum por aquele homem tão batalhador e honesto, mas, em contrapartida, faltavam-lhes afinidades, pois o jovem estudante engajado em movimentos estudantis possuía um temperamento forte e desafiador, enquanto "seu pai" facilmente se conformava com as contrariedades impostas. Acreditava que tal comportamento nada mais era do que os reflexos causados pelo holocausto ocorrido na Europa. Já a sua mãe demonstrava, em vários momentos, total alienação... Como se não pertencesse ao mundo real. Apiedava-se daquela figura feminina sofrida que transparecia uma dor invisível e um vazio indecifrável, cuja única certeza revelada era o casamento de aparência mantido pelos laços de gratidão e amizade para com o cônjuge que, por sua vez, a venerava como uma santa.

Na atual realidade, *Erick*, o fruto de um amor secreto vitimado pelo nazismo, amadurecia rapidamente... Viu *Bertha* morrer deixando uma lacuna em sua família, não tardaria e *Hanna* também o deixaria para sempre. Temia passar novamente pelo mesmo pesadelo e, como uma forma de fuga, entregava-se à luta pela causa contra a intolerância militar. Entretanto, naqueles últimos dias algo tocava seu coração filial. Por isso, resolvera ficar mais presente no lar e, sem saber por que, estreitou ainda mais os laços que o uniam aos pais...

Febril, *Hanna* não deixava mais o leito. *Nick* com sua dedicação extremada não a abandonava sozinha um minuto. Utilizava os ensinamentos da medicina para tentar devolver-lhe a saúde, porém todos os seus esforços eram em vão, e, a cada amanhecer, mais fraca ela ficava...

Em um fim de manhã chuvoso, ela tomou a difícil decisão e, apoiada pelo companheiro, chamou o filho ao leito que a prendia.

– Papai pediu que eu viesse vê-la... Aconteceu algo com a senhora?... – o coração do jovem estava disparado pelo temor crescente.

– Fui eu quem reclamou a sua presença... – *Hanna* articulava as palavras com certa dificuldade. Quero lhe entregar algo... – numa simples menção pediu que *Nick* trouxesse o objeto.

Erick observava a cena e viu quando o pai apanhou do alto do roupeiro um pequeno baú de madeira e o entregou às trêmulas mãos da moribunda. Uma chave presa por anos a um cordão foi retirada do pescoço dela. Em seguida, abriu o desconhecido tesouro. Dele retirou um caderno de páginas amareladas e mais um pingente dourado sustentado por uma corrente de ouro.

– Quero que isso fique com você, meu filho... Leia com atenção... Não sei se resistirei até o fim da leitura. Por isso, antecipadamente, peço o seu perdão!... – exausta pelo esforço calou-se.

– O que há nesse caderno para que a senhora precise do meu perdão? – quis saber o filho.

– Você descobrirá! Faça o que pede a sua mãe! – ordenou *Nick,* poupando-a de novo esforço.

Beijando-a respeitosamente deixou o recinto, levando consigo o mistério prestes a ser desvendado.

Já em seu quarto abriu o caderno de anotações e começou a ler. A metade das páginas estava escrita no idioma alemão, e a outra, em português. *Erick* arrepiou-se por completo e uma estranha sensação o possuiu... Sabia que algo muito grave estava contido naquelas linhas, Por esse motivo, decidiu obedecer àquela sensação e, imediatamente, iniciou a leitura.

Do seu lado, invisíveis estavam *Rudolf* e *Bertha.* Os dois espíritos oravam com fervor implorando a Misericórdia divina para a necessária compreensão da verdade que se revelaria.

As horas foram passando e o jovem não se desgrudava da leitura. Ora chorava, ora surpreendia-se com as palavras que descreviam toda a trajetória da figura materna desde a chegada ao campo de concentração de Treblinka. A cada página a revelação de um passado secreto e a clareza de muitos questionamentos íntimos.

Erick descobria sua história oculta, suas origens e seu verdadeiro pai, um oficial nazista que, aos olhos maternos, tornou-se o maior herói quando deu a sua vida para salvar a mulher amada e o ignorado filho agasalhado em seu ventre...

As lágrimas corriam fáceis pela dificuldade de entender o porquê daquele segredo tão importante, pois, até então, tinha *Nick* como o único pai... E sempre o seria, embora uma força desconhecida o enternecia diante do retrato quase apagado de um oficial alemão guardado por tantos anos naquele pingente.

Confuso, buscou explicações com *Nicolay*. Este foi encontrado sentado à mesa bebericando uma xícara de café.

A conversa foi longa e elucidativa. Emocionados, se abraçaram e assim permaneceram até que as lágrimas findassem e a calma de novo os dominasse...

Refeito, o jovem saiu para caminhar. Andava pelo quarteirão onde morava. Organizava os pensamentos e criava coragem para rever a mãe.

Dois quartos de horas depois, ele retornou silencioso. Adentrou nos aposentos de *Hanna*. Uma paz jamais sentida o invadiu... Sentou-se ao lado do leito e carinhosamente segurou as mãos frias daquela que lhe dera a vida. Difícil instante da despedida. O temor confundia-se com o sentimento de gratidão.

— Mamãe, eu li suas confidências. Já sei de toda a verdade... Por que nunca me contou?

— Por respeito e consideração a *Nick*, o homem que o criou como um pai afetuoso...

— Compreendo... Ele sempre será meu pai... Foi o único que conheci...

— Sim. Agora, diga que me perdoa por nunca ter revelado a verdade para você... — *Hanna* pedia ofegante.

— Não tenho o que perdoar. A senhora teve as suas razões... Não pense mais nisso e descanse!

— Estou muito feliz por dizer-lhe a verdade... Descansarei mais tarde e, se Deus quiser, nos braços de *Rudolf Günter*, o seu pai e o meu grande amor...

— Não fale assim, a senhora ficará boa...

— Meu filho... — prevendo o fim segurou com força na mão de *Erick* e pediu: Chame o *Nick*, por favor...

— Sim, senhora.

Ele já ia cumprir o pedido quando foi retido pelo que ela disse:

— Meu filho, nunca se esqueça do que lhe direi: **eu sempre te amarei**...

Comovido, o rapaz foi buscar o médico russo. Juntos retornaram em seguida, mas, para surpresa de ambos, *Hanna* já não mais respirava e, mesmo com a massagem cardíaca aplicada pelo companheiro dos anos de muda solidão, nenhum músculo se movia... Ela, realmente partira, e os dois abraçados choravam lamentosos...

Desencarnada, lentamente ia sendo desprendida do corpo por uma equipe de Espíritos habilitados. Já liberta, avistou *Bertha*, o pai, a mãe e *Yoseph Yochannan*, o irmão perdido que, num canto, lhe sorriam de braços abertos... A alegria tomou conta dela e um longo abraço supriu a saudade que parecia não ter fim...

De repente, uma luz surgiu no quarto. Ia tomando forma lentamente... *Hanna* perdeu os sentidos quando viu as formas claras de *Rudolf* à sua frente.

Dias depois, despertou em um leito localizado no hospital de uma colônia. Sorrindo ao seu lado estava ele.

— Seja bem-vinda, minha querida!... Há quanto tempo espero por esse instante. Que Deus seja louvado por me permitir tamanha ventura!

— *Rud*... — a voz embargada de *Hanna* morreu sufocada na garganta.

— Não diga nada. Tudo está bem agora... Estamos juntos para sempre...

— Diga-me que não é um sonho, uma ilusão... Ouço sua voz, sinto o seu toque, seu cheiro... É tudo tão real... Sinto-me tão viva, ao mesmo tempo sei que fui visitada pela morte...

— Não é um sonho. Você deixou seu corpo e veio juntar-se a mim... A morte não é o fim, e você continua tão viva quanto antes, houve apenas uma mudança de dimensão... Com o tempo aprenderá tantas coisas...

Para muitos que ignoram a condição de Espíritos eternos, quando deixam a vida na carne, são tomados por uma confusão mental que perdura por indeterminado período dependendo do seu estágio evolutivo. Porém, *Hanna* já trazia em sua bagagem esclarecimentos suficientes, embora adormecidos, que não a perturbaram tanto na nova condição. As surpresas figuravam-se quase normais.

— Você ainda é aquele mesmo jovem de quem me despedi no campo... Tão belo e robusto!... Para mim os anos passaram me transformando... – *Hanna* cobriu seu rosto de vergonha por causa das marcas do tempo nele apresentadas.

– Sua aparência está linda e continua a mesma daquele dia...

– Não, *Rud*, eu envelheci muito longe de você...

Rudolf a segurou pelo braço e a conduziu até um espelho muito iluminado fixado à parede daquele quarto.

– Veja com seus próprios olhos!...

Ela mal podia acreditar na imagem que refletia.

– Como pode isso? Estou com a aparência que tinha com os meus 19 anos...

– Quando em espírito, podemos escolher a idade e as feições de qualquer uma das vidas que já tivemos.

– Como assim? Explique-me melhor...

– Ensinarei muitas coisas novas desse novo mundo do qual agora pertencemos... Mas aos poucos... Agora, alimente-se com esse caldo e, mais tarde, passearemos pelos belos jardins desse hospital...

– Eu estou em um hospital?

– Sim. Ficará aqui para um rápido tratamento e logo poderá ir para casa comigo... Não tenha medo, ficarei com você o tempo todo... Aliás, agora, temos todo o tempo do mundo, melhor dizendo, temos a eternidade a nosso favor.

– Como eu sempre sonhei!... – afirmou *Hanna*.

– Seremos dois em um... Inseparáveis... – *Rud* sorriu e acrescentou. Só me resta saber se você me suportará?

– Para toda a eternidade... – respondeu *Hanna*, embevecida.

– Esse é o nosso destino: Amarmo-nos por todas as nossas existências...

FIM

OBRAS BÁSICAS

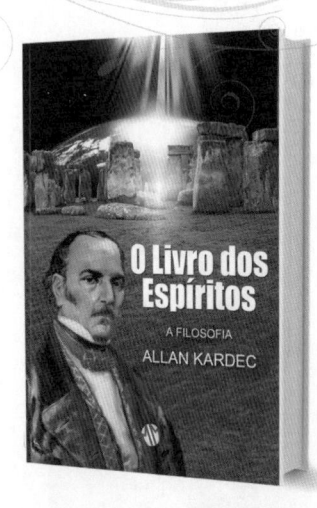

O Livro dos Espíritos
A Filosofia

Lançada em 18 de abril, de 1857, foi a primeira obra básica do espiritismo de uma série de cinco livros. Um livro escrito para todos os homens e para todas as épocas, que aborda questões profundas da existência.

O Livro dos Médiuns
O Fenômeno

A segunda obra publicada, em 1861. Trata sobre a parte experimental da Doutrina. Obra destinada a esclarecer os médiuns sobre as práticas mediúnicas ou interessados em estudá-las.

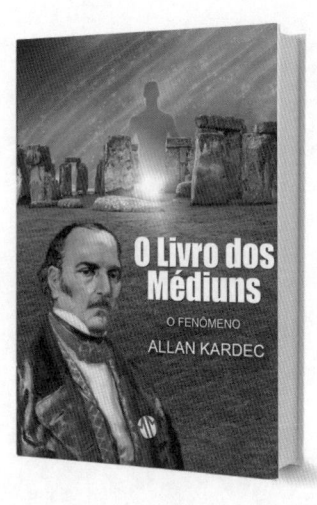

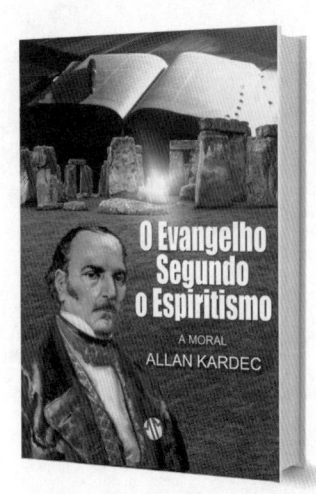

O Evangelho Segundo o Espiritismo
A Moral

O terceiro livro da codificação lançado em 1864. Um manual de vida no qual o leitor encontrará profundos apontamentos sobre os ensinamentos morais do Cristo e sua aplicação às diversas situações da vida.

pedidos@editoramundomaior.com.br

ALLAN KARDEC

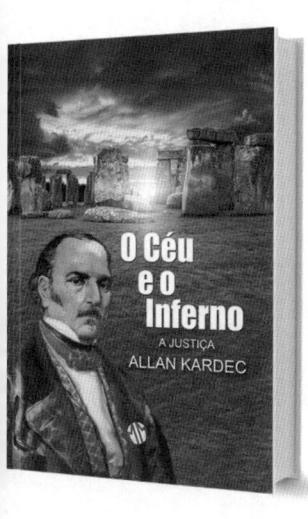

O Céu e o Inferno
A Justila

Publicada em 1865, esta é a quinta e penúltima das cinco obras da coleção de Kardec. Traz uma visão reflexiva e ao mesmo tempo racional a respeito da Justiça Divina à luz do Conhecimento Espírita.

A Gênese
A Ciência

O Espiritismo e a Ciência completam-se um ao outro. A Ciência, sem o Espiritismo é impotente para explicar certos fenômenos apenas pelas leis da matéria; o Espiritismo, sem a Ciência, ficaria sem suporte e comprovação. Se o Espiritismo tivesse vindo antes das descobertas científicas, teria tido sua obra abortada, como tudo o que vem antes de seu tempo.

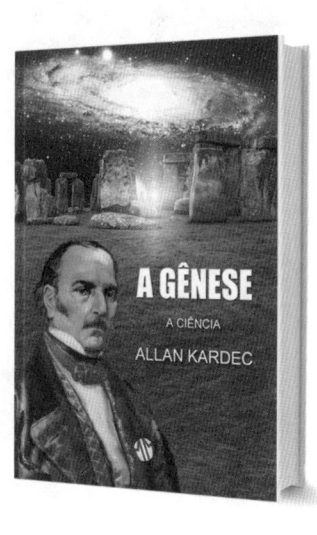

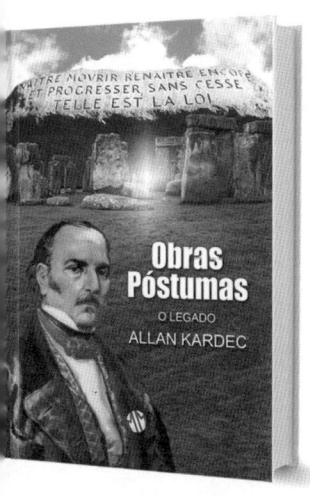

Obras Póstumas
O Legado

Uma compilação de escritos do Codificador da Doutrina Espírita, Allan Kardec, lançada postumamente em Paris, em janeiro de 1890, pelos dirigentes da Sociedade Parisiense de Estudos Espíritas.

Contato (11) 4964-4700

ACESSE AS REDES SOCIAIS

MUNDO MAIOR EDITORA

DESPERTANDO CONHECIMENTO

Curta no Facebook
Mundo Maior

Siga-nos
@edmundomaior

WordPress
Acesse nosso Blog:
www.editoramundomaior.wordpress.com